# LA FABBRICA
# DEGLI IMMIGRATI

Dal supermarket alla tavola, le nostre scelte
producono immigrazione

A mia madre,

che mi ha insegnato il rispetto incondizionato per la vita umana

**INDICE**

# INTRODUZIONE

Immigrazione è oggi una parola che ci viene proposta praticamente tutti i giorni, automaticamente suscita in noi sentimenti ostili, ci è infatti sufficiente fare una rapida scorsa ai titoli dei giornali per entrare in tensione, e considerando come negli ultimi tempi le nostre vite siano caratterizzate da un inarrestabile flusso mediatico, è difficile tenersi alla larga da simili notizie. L'evoluzione ha plasmato il cervello umano in modo da renderlo estremamente recettivo verso tutti i potenziali pericoli. Il fenomeno migratorio è sempre più giudicato come attività pericolosa tanto per chi la compie quanto per chi la subisce. Esigiamo dai Governi che il problema dell'immigrazione di massa venga risolto al più presto adoperando qualsivoglia provvedimento, ed a loro volta, i politici di tutti i Paesi, sviluppano i programmi dei propri partiti, promettendo soluzioni ai moti migratori, impegnandosi nella costruzione di muri e barriere anti-uomo, in cambio di voti.

Sebbene le migrazioni di massa siano obbiettivamente un problema da risolvere, le soluzioni vanno cercate probabilmente in seguito ad un'analisi approfondita del fenomeno, e di conseguenza agire sulle cause, piuttosto che cercare di limitare gli effetti.

La speranza che i propri leader politici riescano a trovare accordi appropriati con i capi di governo dei Paesi del resto del mondo, appare tanto ardua quanto lontana. Ad oggi per esempio, nessuna Nazione al mondo riconosce lo *status* di rifugiato climatico, proprio perché non si è ancora riusciti a chiarirne la natura. Altra dimostrazione è che nonostante le numerose e continue conferenze mondiali, seguite da trattati internazionali ed accordi, non si è ad oggi riusciti a redigere linee guida, per tentare di migliorare il clima mondiale.

Questo studio, ha voluto chiarire, nella prima parte, le differenze che contraddistinguono per legge, i migrati ambientali ed i migrati aventi diritto allo *status* di richiedenti asilo politico, mettendo l'accento sulle difficoltà interpretative di tale distinzione, ed esaltando quindi i numeri che contraddistinguono gli uni e gli altri.

Nella fase centrale, sono stati esaminati gli effetti ambientali diretti ed indiretti, causati da una dieta a base di carne, che contribuisce inevitabilmente all'inquinamento atmosferico, del terreno e delle falde acquifere, quindi al surriscaldamento per via dei gas serra, alla desertificazione ed al disboscamento. Sono stati inoltre messi in risalto gli effetti negativi che i prodotti da noi acquistati, producono sulla fauna acquatica, sull'inquinamento marino (soprattutto causato dalla plastica) e sull'effetto che il mare produce e potrà ancor più produrre sul fenomeno migratorio.

Nella seconda metà dello studio è stato messo in risalto il fenomeno dell'accaparramento delle terre, il cosiddetto *land grabbing*, che viene alimentato indirettamente attraverso le nostre scelte alimentari soprattutto prediligendo prodotti provenienti da alcune aziende. In secondo luogo, la finanziarizzazione dei prodotti agricoli e scelta di coltivazioni per biocombustibili, che producono effetti diretti sul prezzo del cibo e di conseguenza sul benessere dei Paesi in via di sviluppo, fenomeni quindi strettamente correlati a quello dell'immigrazione.

Nel finale si è riportato brevemente, quanto accordato dalle ultime tre Conferenze Delle Parti (COP21, COP22, COP23 e COP24) tenute dalla Convenzione quadro delle Nazioni Unite sui cambiamenti climatici (UNFCCC), mettendo in risalto le decisioni tenute durante il più importante Accordo di Parigi (COP21) con l'obbiettivo di contenere la temperatura globale entro i 2°C. Contro queste direttive, alcuni studi invece hanno dato modo di pensare che il punto di non ritorno per il pianeta sia ormai vicino o addirittura superato.

Non si è voluto menzionare di proposito la questione legata al Franco CFA, moneta in uso in 14 Paesi africani, che dal 1945 crea dissesto politico ed economico favorendo l'economia della Francia nonché l'immigrazione di una grossa parte del popolo africano; in quanto il tema è ampio e questo testo ha voluto impegnarsi prettamente nelle questioni legate alle scelte alimentari e del cambiamento climatico.

Attraverso i temi trattati, si è voluto dimostrare che una soluzione più concreta e diretta al fenomeno migratorio, così come quello del surriscaldamento globale, potrebbe essere un diverso approccio verso il "problema", tentando in primo luogo di accettare il fenomeno migratorio quale fenomeno naturalmente generato. Infatti i moti migratori possono essere considerati come attività che caratterizzano l'essere umano dalla propria comparsa sulla terra. In secondo luogo si è cercato di capire non solo le motivazioni degli spostamenti, ma soprattutto le motivazioni delle motivazioni. Difatti, le motivazioni delle stesse, ci riportano al punto d'origine, mostrandoci tangibilmente, quello che in matematica e fisica è chiamato "l'effetto farfalla", ovvero una locuzione che racchiude in sé la nozione maggiormente tecnica di dipendenza sensibile alle condizioni iniziali, presente nella teoria del caos. L'idea è che piccole variazioni nelle condizioni iniziali producano grandi variazioni nel comportamento a lungo termine di un sistema.

E' per il sopracitato motivo che l'essere umano dovrebbe oggi, più che mai, essere consapevole della propria responsabilità in quanto individuo. Uno dei criteri più logici per riuscire ad arrivare ad una comprensione globale, è forse quello di analizzare una delle nostre pratiche primarie come quella del cibarsi. La provenienza del cibo di cui ci sfamiamo oggi, la sua lavorazione, il trasporto e tutte le altre incombenze a cui è sottoposto prima di arrivare sulle nostre tavole, può avere ripercussioni su un fenomeno come quello dello spostamento di massa degli esseri umani?

Considerando che ad oggi il pianeta terra ha il difficile compito di riuscire a sfamare più di 7 miliardi e mezzo di persone[1], che più di 800 milioni di individui è denutrito[2] mentre più di 1 miliardo e 600 milioni è in sovrappeso[3], che quotidianamente nel mondo vi sono circa 400 mila nuovi nascituri[4] ma che a morire di fame ne sono circa 26 mila ogni giorno[5]; allora tentare di esaminare l'argomento, potrebbe rivelarsi pratica a cui vale la pena dedicarsi.

Si richiede quindi oggi all'uomo di sforzarsi di comprendere, come ha sempre fatto, e di mettere in pratica con ancor più costanza ed impegno, perché d'altronde come disse il politico David Lloyd George: *non si possono nutrire gli affamati con delle statistiche*[6].

---

[1] WORLDOMETERS, Real time world statistics, Worldometers.it, URL consultato il 15 dicembre 2017

[2] FAO, The State of Food Insecurity in the World, fao.org, dati 2017.

[3] WORLD HEALTH ORGANIZATION, Obesity and overweight, who.int, dati 2017.

[4] UNITED NATIONS, DESA / Population division, World Population Prospects 2017.

[5] UNICEF, The State of the World's Children reports, unicef.org, dati 2017.

[6] DAVID LLOYD GEORGE, I conte Lloyd-George di Dwyfor (Chorlton-on-Medlock, 17 gennaio 1863 – Llanystumdwy, 26 marzo 1945).

# CAPITOLO I
# L'IMMIGRAZIONE

## 1.1  I fenomeni migratori

*Sono un cittadino, non di Atene o della Grecia, ma del mondo.*

*- Socrate -*

Quasi 19 milioni di italiani, lasciarono il proprio Paese dal 1861 (unità d'Italia) al 1985 per non farvi più ritorno. Sicuramente vi furono motivazioni politiche, ma a fare la differenza fu soprattutto il bisogno di spostarsi per motivi economici, particolarmente in Italia meridionale vi erano poche terre da lavorare e la politica italiana di certo non agevolava gli agricoltori nostrani.

Si potrebbe affermare che la più grande potenza al mondo, gli Stati Uniti d'America, siano una nazione fondata sull'immigrazione, se solo potessimo considerare immigrati colonizzatori e colonizzati. Probabilmente era così inteso anche dal 32° presidente degli Stati Uniti, Franklin Delano Roosevelt, quando affermò: *Ricordate, ricordate sempre, che tutti noi, e tu ed io in particolare, discendiamo da immigrati*[7].

Ma cosa intendiamo oggi per immigrato? Qual è la differenza con un rifugiato o con un clandestino? Proviamo a fare chiarezza:

Per immigrazione, si intende in generale, l'ingresso e l'insediamento, in un Paese o in una regione, di persone provenienti da altri Paesi o regioni. Insieme con la corrispondente emigrazione rientra nel fenomeno più ampio delle migrazioni internazionali e interne[8]. Come ogni fenomeno, anche quello migratorio è passibile quindi di osservazione scientifica.

I moti migratori hanno interessato l'essere umano fin dalla sua nascita, ciò che spinse centinaia di migliaia di anni fa i nostri

---

[7] Franklin Delano Roosevelt, (30 gennaio 1882 – 12 aprile 1945), 32° presidente degli Stati Uniti d'America, fu l'unico ad essere eletto per più di due mandati consecutivi, vincendo le elezioni presidenziali per ben quattro volte (1932, 1936, 1940 e 1944), rimanendo in carica dal 1933 fino alla sua morte, nell'aprile del 1945, poco dopo l'inizio del quarto mandato.

[8] TRECCANI, Enciclopedie Online, immigrazione.

predecessori a spostarsi verso nuove terre, potrebbe essere in parte causato dalle stesse motivazioni che ancora oggi muovono un grande quantità di persone all'anno: la ricerca di cibo.

Un fenomeno di tale vastità ovviamente non può essere riconducibile ad una sola causa, infatti conflitti, guerre e scelte governative, hanno giocato un ruolo di enorme rilevanza sulla scelta del territorio dell'essere umano. E' pur vero però che in molte circostanze, un'analisi più approfondita delle cause generatrici di conflitti, conducono ad una correlazione con il tema cibo: scarsità di risorse idriche ed alimentari o prezzi del cibo troppo alti infatti, sono spesso causa di scontri che portano gli abitanti di un certo luogo al bisogno di spostarsi verso zone più prolifere o semplicemente più pacifiche.

Attualmente il termine "migrante" viene usato come un termine "ombrello". Secondo un glossario dell'Organizzazione Internazionale per le Migrazioni, un'organizzazione nata nel 1951 e che collabora strettamente con l'Organizzazione delle Nazioni Unite, a livello internazionale non esiste una definizione universalmente riconosciuta del termine. Di solito si applica alle persone che decidono di spostarsi liberamente per ragioni di "convenienza personale" e senza l'intervento di un fattore esterno. Questo termine si applica quindi a persone che si spostano in un altro Paese o in un'altra regione allo scopo di migliorare le loro condizioni materiali e sociali, le loro prospettive future e quelle delle loro famiglie[9].

Per quanto precisato, oggi si tende a differenziare il "profugo", "clandestino", "rifugiato" e "richiedente asilo", termini spesso usati come sinonimi o comunque termini sovrapponibili: indicano in realtà situazioni tra loro legate, ma non coincidenti.

Infatti per "clandestino" si intende un migrante irregolare, ovvero sprovvisto di regolare titolo per soggiornare sul territorio nazionale. Per "rifugiato" si intende una persona che nel giustificato timore d'essere perseguitato per la sua razza, la sua religione, la sua cittadinanza, la sua appartenenza a un determinato gruppo sociale o le sue opinioni politiche, si trova fuori dello Stato di cui possiede la cittadinanza e non può o, per tale timore, non vuole domandare la protezione di detto Stato[10]. Il rifugiato è anche una persona che essendo apolide e trovandosi fuori del suo Stato di domicilio, in seguito a tali avvenimenti, non può o, per il timore sopra indicato, non vuole ritornarvi[11]. Della categoria dei

---

[9] IL POST, Migranti, rifugiati, profughi, richiedenti asilo, 26 agosto 2015.

[10] Convenzione di Ginevra del 1951, Capo I, Disposizioni generali, Art. 1 Definizione del termine di "rifugiato", Ginevra, 18 luglio 1951, par. 2.

[11] Convenzione di Ginevra del 1951, Capo I, Disposizioni generali, Art. 1 Definizione del termine di "rifugiato", Ginevra, 18 luglio 1951, par. 2, punto C6.

"richiedenti asilo", fanno parte coloro che hanno lasciato il loro Paese d'origine e hanno inoltrato una richiesta di asilo in un paese terzo, ma sono ancora in attesa di una decisione da parte delle autorità competenti riguardo al riconoscimento del loro *status* di rifugiati. Diversamente dal rifugiato, il profugo è colui che per diverse ragioni (guerra, povertà, fame, calamità naturali, ecc.) ha lasciato il proprio Paese ma non è nelle condizioni di chiedere la protezione internazionale[1].

Altri termini inoltre sono stati introdotti per distinguere o almeno tentare di identificare migranti che non rientrano nei casi precedenti, come lo *status* di "apolide", ovvero una persona che non ha la nazionalità di alcun Paese[12]; lo "sfollato", ovvero una persona che pur avendo abbandonato la propria casa a causa degli stessi motivi dei rifugiati, o a causa di eventi eccezionali, non ha attraversato un confine internazionale; il "beneficiario di protezione sussidiaria" invece viene identificato nel cittadino di un paese terzo o apolide che non possiede i requisiti per essere riconosciuto come rifugiato ma nei cui confronti sussistono fondati motivi di ritenere che, se ritornasse nel Paese di origine, o, nel caso di un apolide, se ritornasse nel Paese nel quale aveva precedentemente la dimora

---

[12] Convention relating to the Status of Stateless Persons , Cap. I, Art. 1 Definition of the term "stateless person", Par.1, New York, 1954.

abituale, correrebbe un rischio effettivo di subire un grave danno[13].

Sulla questione dell'uso corretto di un termine piuttosto che di un altro per definire il migrante vi sono ancora dibattiti tra testate giornalistiche ed Organizzazioni Internazionali Governative e Non Governative.

---

[13] Gazzetta Ufficiale dell'Unione Europea, Direttiva 2004/83/CE del Consiglio del 29 aprile 2004, Capo I, Art.2, punto E.

## 1.2 Emigrati ambientali



*Siamo tolleranti e civili, noi italiani, nei confronti di tutti i diversi. Neri, rossi, gialli. Specie quando si trovano lontano, a distanza telescopica da noi.*

*- Indro Montanelli -*

Cosa intendiamo per migranti ambientali? Si, le persone costrette ad abbandonare la loro terra natia per motivi di forza maggiore come alluvioni, siccità, catastrofi naturali, sono sicuramente migranti ambientali, ma possono rientrare in questa categoria le persone costrette ad emigrare per via di scontri dovuti all'accaparramento di risorse idriche ed energetiche? E per insurrezioni dovute alla mancanza di risorse alimentari?

I migranti ambientali, secondo l'IOM (International Organization for Migration), sono persone o gruppi di persone che, per motivi imperativi di cambiamenti improvvisi o progressivi per l'ambiente che influenzano negativamente la loro vita o le condizioni di vita, sono obbligati a lasciare le loro case abituali o scelgono di farlo, in maniera temporanea o definitiva, e che si spostano sia all'interno del loro Paese sia uscendo dai confini del proprio Paese[14].

Nella maggior parte delle volte, per semplicità e per l'immediato ed evidente impatto di alcuni fenomeni naturali, pensiamo agli immigrati ambientali quali reduci da catastrofi naturali caratterizzate da rapida insorgenza (ad esempio terremoti, vulcani e inondazioni). In effetti i dati dell' anno 2016 possono fornirci un'idea circa i danni in termini di vite (circa 10.000 persone), ed in termini economici (circa 158 miliardi di dollari), riconducibili ai terremoti avvenuti in Taiwan, Giappone, Ecuador, Italia, Nuova Zelanda e Cile, intanto l'uragano "Matthew" devastava la regione dei Caraibi e il tifone "Haiyan" le Filippine[15].

Secondo la definizione dell'IOM però sono rifugiati ambientali anche tutte le persone che sono costrette a lasciare le proprie case

---

[14] MC/INF/288, Discussion Note: Migration And The Environment, Defining Environmental Migrants, 1 novembre 2007.
[15] DI BENEDETTO MONTACCINI Veronica, catastrofi naturali: i danni del 2016, OFCS Report, 28 dicembre 2016.

per motivi di siccità, per motivi di innalzamento del mare, per continue condizioni metereologiche avverse (figura 1).

Figura 1 - Natural disasters caused by climate change

Fonte: KVDP, Wikimedia Commons, Wikipedia.org.

Di conseguenza sono rifugiati ambientali quelli che scappano da guerre determinate da scontri per l'accaparramento delle risorse idriche o energetiche, come lo sono coloro che fuggono da desertificazione e collasso delle economie di sussistenza in seguito a crisi dell'ecosistema per cause naturali o attività umane: *land grabbing*, processi di villaggizzazione forzata (negli anni '80 con la villaggizzazione in Etiopia morirono un milione di persone per carestia), inquinamento ambientale, smaltimento intensivo di rifiuti tossici o radioattivi, scorie radioattive di bombardamenti. Non sempre è facile distinguere le migrazioni indotte da calamità naturali (tsunami, inondazioni, terremoti, cicloni, erosione delle coste, incendi, etc.) da quelle causate da mutamenti ambientali indotti dall'uomo (deforestazione, desertificazione, inquinamento, salinizzazione delle terre irrigate, perdita della biodiversità, innalzamento del livello del mare, sfruttamento delle risorse naturali): spesso in quelle che ci appaiono come catastrofi non evitabili vi sono responsabilità umane[16].

[16] PADOAN Daniela, Il secolo dei rifugiati ambientali?, ADIF (Associazione Diritti e Frontiere), 28 settembre 2016.

## 1.3 Numeri e migranti



*Il governo ha detto: "Presto il napoletano non dovrà più*
*emigrare in Svizzera".*
*No, no 'o governo italiano, il governo svizzero l'ha detto.*
*- Massimo Troisi -*

Allora quanti sono gli immigrati ambientali? Appare estremamente difficile avere dei numeri precisi. Partiamo però dagli immigrati in genere per avere un'idea più precisa sul quantitativo di persone di cui parliamo: a fine 2015, lo scenario globale dei flussi migratori mostra che tre abitanti su cento sono nati in un Paese diverso da quello di residenza. In totale i migranti sono 244 milioni[17] (il 41% in più dal 2000). Secondo i dati dell'ultimo International Migration Report delle Nazioni Unite, i migranti nel mondo provengono in maggioranza dall'India (con 16 milioni di indiani emigrati), dal Messico (12 milioni), dalla Russia (11 milioni) e dalla Cina (10 milioni). Sono invece di origine siriana circa 5 milioni di migranti[18].

Come si evince dal grafico (figura 2) dell'IDMC (Internal Displacement Monitoring Centre), si desume che differenziando gli emigranti per ragioni conflittuali e gli emigranti per ragioni di disastri naturali, è possibile osservare che dall'anno 2008 all'anno 2016, le persone migrate per motivi di disastri naturali (24,2 milioni) sono di gran lunga più numerose del primo gruppo (circa 7,5 milioni), addirittura nell'anno 2010 gli emigrati per catastrofi hanno superato i 40 milioni di individui mentre gli emigrati per motivi di conflitti circa 3 milioni.

Nel successivo grafico (figura 3), il gruppo degli emigranti per disastri naturali è stato suddiviso ulteriormente in emigrati per motivi geofisici (terremoti, attività vulcaniche, tsunami ecc.) e per motivi relativi ad accadimenti metereologici (uragani, siccità, temperature estreme, inondazioni, temporali ecc.) ovvero per il

---

[17] UNITED NATIONS, Trends in International Migrant Stock: The 2015 Revision, Department of Economic and Social Affairs, tavola 1, dicembre 2015.
[18] IL SOLE 24 ORE, Lo scenario globale dell'immigrazione, 14 marzo 2016, pag. 9.

primo gruppo, catastrofi naturali caratterizzati da rapida insorgenza, mentre nel secondo gruppo fenomeni naturali di lenta manifestazione. Si desume che nell'anno 2016, dei 24,2 milioni di sfollati, la quasi totalità delle persone è stata costretta ad emigrare in conseguenza ad avvenimenti meteorologici.

Figura 2 – New displacement (conflict and disasters)

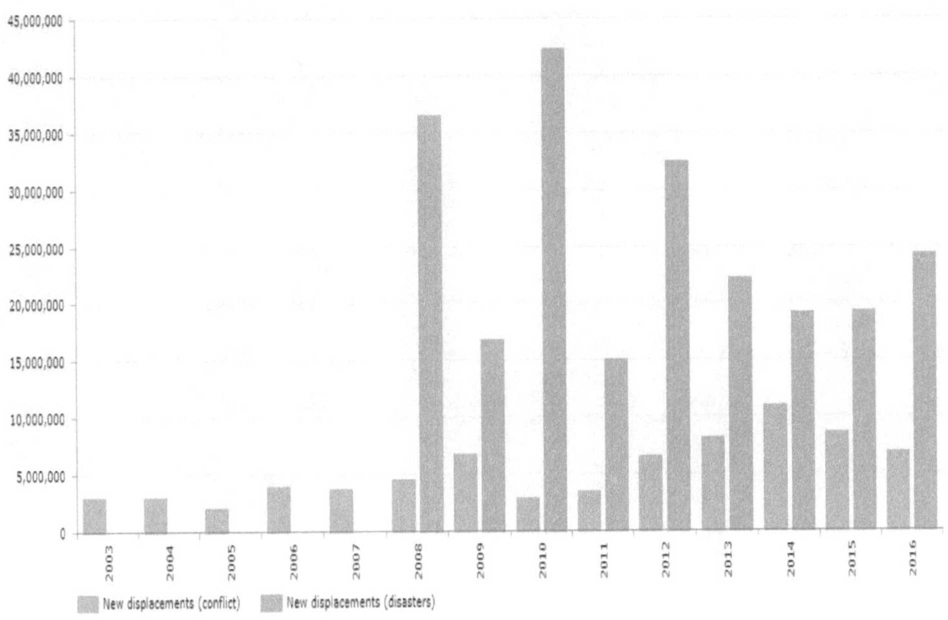


Fonte: Internal Displacement Monitoring Centre

Il riscaldamento globale è senza dubbio alla base di questi fenomeni metereologici, infatti se da una parte è difficile attribuire ogni singolo evento meteorologico ai cambiamenti climatici, dall'altra la correlazione è ben conosciuta agli scienziati. Il riscaldamento globale, infatti, genera un aumento dell'energia (calore) a disposizione del sistema climatico, accelerando e accentuando il numero e l'intensità dei fenomeni meteorologici. Un pianeta più caldo è un Paese con più estremi[19].

Figura 3 – New displacement (geophysical and weather related)

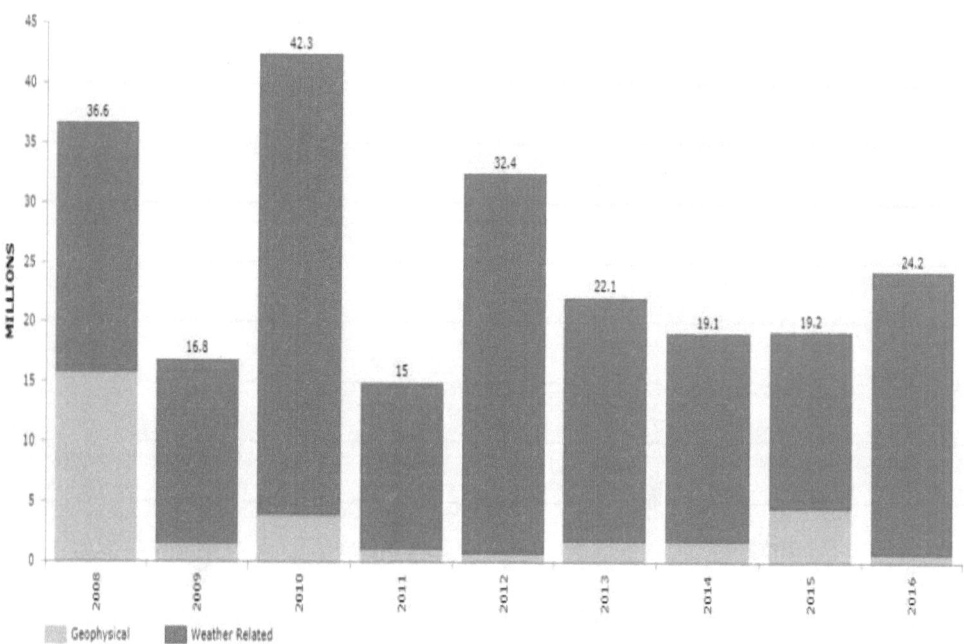


Fonte: Internal Displacement Monitoring Centre (rapporto 2017)

---

[19] GREENPEACE, Eventi metereologici estremi, Greenpeace Italia, 14 gennaio 2011.

# CAPITOLO II
## SCELTA DI PRODOTTI CARNEI

## 2.1  Inquinamento atmosferico e surriscaldamento

*Una delle grandi domande nel dibattito sul cambiamento climatico è: gli esseri umani sono più intelligenti delle rane in un vaso?*

*Se si mette una rana in una pentola e lentamente si alza il calore, essa non salterà fuori. Si godrà invece il bel bagno caldo fino a quando non sarà cotta a morte.*

*Noi esseri umani sembra che vogliamo fare più o meno la stessa cosa.*

*- Jeff Goodell -*

Il surriscaldamento globale sembra per ovvi motivi strettamente correlato all'inquinamento atmosferico. Nel luglio 2018 si registrarono picchi di 40°C nel sud dell'Italia, 50°C tra Spagna e Portogallo e ben 65 morti per caldo in una sola settimana in Giappone.

Il dubbio è: siamo sicuri di essere consapevoli riguardo al nostro reale contributo al *global warming*?

Forse Nelson Mandela direbbe: *sappiamo cosa deve essere fatto. Tutto ciò che manca è la volontà di farlo.* Eppure siamo sicuri che per ridurre l'inquinamento basti usare meno l'automobile o spegnere le luci dell'appartamento quando non siamo in casa?

A cosa si attribuiscono le emissioni di gas serra responsabili del surriscaldamento globale? Sulla rivista scientifica *Focus* si legge che i gas serra derivanti dall'allevamento di bestiame destinato al macello o alla produzione di latte e formaggi equivalgono al 14,5% del totale; quelli causati dal trasporto aereo, su ruote, navale e ferroviario corrispondono a circa il 13% del totale.[20]

Altre fonti invece sostengono che l'allevamento degli animali contribuisce al riscaldamento globale per un 40% in più rispetto a

---

[20] INTINI Elisabetta, Clima, la carne incide più dei trasporti, Focus megazine, 06 dicembre 2014.

tutto il settore mondiale dei trasporti nel suo complesso[21].

Stando ai numeri riportati quindi, anche se si decarbonizzassero interi settori come quello energetico o dei trasporti, senza una decisa riduzione dei consumi di carne e latticini, ogni sforzo di contenere il riscaldamento globale entro un limite accettabile sfumerebbe.

In tutto, i gas a effetto serra (GHG) associati alla filiera produttiva zootecnica sono responsabili fino a 7,1 giga-tonnellate (Gt) di anidride carbonica ($CO_2$) equivalente l'anno, vale a dire il 14,5% di tutte le emissioni di gas serra prodotte dagli esseri umani[22]. A spiegare più dettagliatamente questa elevata percentuale, se ne occupa la FAO (Organizzazione delle Nazioni Unite per l'Alimentazione e l'Agricoltura): di fatto, il rapporto *Tackling climate change through livestock: a global assessment of emissions and mitigation opportunities* (Affrontare il cambiamento climatico attraverso il bestiame: la valutazione globale delle emissioni e delle opportunità di mitigazione), rappresenta la stima più completa mai fatta sinora di quanto l'allevamento del bestiame contribuisca al riscaldamento globale, e delle potenzialità del settore di affrontare il problema. Le principali fonti di emissione

---

[21] Jonathan Safran Foer, Se niente importa. Perché mangiamo gli animali?, Guanda, 2010.
[22] FAO, Tackling climate change through livestock: A global assessment of emissions and mitigation opportunities, 21 October 2014.

sono: la produzione e la lavorazione dei mangimi (45% del totale), il processo digestivo delle mucche (39% del totale), e la decomposizione del letame (10% del totale). Il resto è imputabile al trattamento e trasporto dei prodotti animali.

Per arrivare alle sue stime, la FAO ha condotto un'esaustiva e dettagliata analisi di ogni stadio della filiera: produzione e trasporto degli alimenti, uso di energia nelle fattorie, emissioni prodotte dalla digestione degli animali e dalla decomposizione del letame, trasporto post-macellazione, refrigerazione e confezionamento di prodotti di origine animale.

Per avere un'idea più pratica e mettere a paragone l'impatto ambientale dato da un'alimentazione a base vegetale ed un'alimentazione onnivora, l'associazione di consumatori tedesca *Foodwatch* ha pubblicato nell'agosto 2008 un report sull'impatto dell'agricoltura e dell'allevamento sull'effetto serra, svolto dall'Istituto tedesco per la Ricerca sull'Economia Ecologica (IOeW); lo studio ha tenuto conto delle emissioni di $CO_2$ risultanti dalla coltivazione dei mangimi per gli animali, dall'utilizzo dei pascoli per l'allevamento e dalle deiezioni prodotte dagli animali stessi. Il confronto, per risultare di facile comprensione al pubblico, è stato esplicitato in termini di "chilometri equivalenti" percorsi in auto (una BMW, per la precisione), e quindi spiega a quanti chilometri percorsi in auto equivale un chilogrammo di carne, un chilogrammo di grano, ecc. (figura 4).

Fonte: Foodwatch, Klimaretter Bio?, 25 agosto 2008

Il risultato che ne emerge è rappresentato nella figura sopra riportata: il tipo di alimentazione più ecologista è quella 100% vegetale. l'alimentazione latto-ovo-vegetariana ha un impatto 4 volte più alto, quella onnivora 8 volte più alto.

Questo solo per quanto riguarda l'effetto serra, ma va tenuto presente che come impatto ambientale totale contano anche i consumi di acqua, sostanze chimiche, sfruttamento dei terreni, e l'inquinamento da deiezioni in generale.

## 2.2  Consumo ed inquinamento di acqua

*L'acqua è la materia della vita. E' matrice, madre e mezzo. Non*

*esiste vita senza acqua.*

*- Albert Szent-Gyorgyi -*

Chiudiamo per bene tutti i rubinetti di casa, per non sprecare acqua potabile, riduciamo il tempo della doccia, ma tutto ciò basterà? La nostra accortezza giornaliera servirà a non sprecare il più prezioso dei liquidi?

Tre miliardi di capi di bestiame in tutto il mondo brucano il pianeta come un bruco fa con la sua mela. Una dieta carnivora consuma circa 5.500 litri di acqua al giorno, "acqua virtuale" ovvero quella che è stata utilizzata per dissetare il bestiame e per produrre il mangime per gli animali o per lavar via le loro deiezioni. L'allevamento quindi incide fortemente sul cambiamento climatico che a sua volta, provoca l'inaridimento dei terreni, la desertificazione e la siccità[23].

A sottolineare il grande sacrificio idrico di una dieta onnivora, si impegna da anni l'associazione internazionale no profit "Slow Food" che scrive sul proprio sito internet: In termini di impronta idrica, si calcola che in un allevamento convenzionale siano necessari circa 15.500 litri di acqua per ottenere un chilo di carne di manzo (calcolando quanta ne serve per allevare gli animali e irrigare i campi in cui si coltivano i mangimi), 3.920 per un chilo di pollo[24].

Appare noto quindi che l'allevamento è causa di uno smodato impiego di risorse idriche. Una parte dell'acqua richiesta dal sistema zootecnico moderno è impiegata per abbeverare gli animali: una mucca da latte, durante la stagione estiva, arriva a consumare circa 126,8 litri di acqua al giorno[25]. In Paesi dove l'acqua scarseggia, l'abbeveramento degli animali e la manutenzione delle strutture, raggiunge livelli significativi, ad

---

[23] GELISIO Tessa, Ecocentrica: Facili consigli per vivere felici aiutando il nostro pianeta, Giunti Editore, 2013.
[24] SLOW FOOD, www.slowfood.it.
[25] FAO, livestock's long shadow environmental issues and options, Roma 2006, pag. 129.

esempio in Botswana l'uso dell'acqua per l'allevamento è pari al 23% delle risorse idriche nazionali e rappresenta il secondo principale fattore di consumo dell'acqua del Paese[26]. Altra acqua viene poi usata nel processo di macellazione degli animali, nonché per la pulizia degli impianti di macellazione (è stato calcolato che per ogni pollo macellato occorrono 1590 litri di acqua)[27].

Eppure, il 98% [28] dell'acqua è utilizzata per la produzione del foraggio per gli animali, per tale scopo, su scala globale, vengono impiegati circa 2.422 miliardi di metri cubi d'acqua l'anno[29].

Alla luce di quanto scritto, appare evidente che oltre ad un notevole impatto ambientale dovuto alle immissioni di gas serra nell'atmosfera, i prodotti carnei e caseari, sono anche i prodotti con il maggiore dispendio di acqua (figura 5).

---

[26] FAO, livestock's long shadow environmental issues and options, Roma 2006, pag. 168.

[27] FAO, livestock's long shadow environmental issues and options, Roma 2006, pag. 132.

[28] MEKONNEN and HOEKSTRA, The green, blue and grey water footprint of farm animals and animal products, UNESCO-IHE Institute for Water Education, Netherlands, dicembre 2010, pag. 29.

[29] MEKONNEN and HOEKSTRA, The green, blue and grey water footprint of farm animals and animal products, UNESCO-IHE Institute for Water Education, Netherlands, dicembre 2010, pag. 5.

Figura 5 – Quanti litri di acqua sono necessari per produrre 1 kg di alimenti?

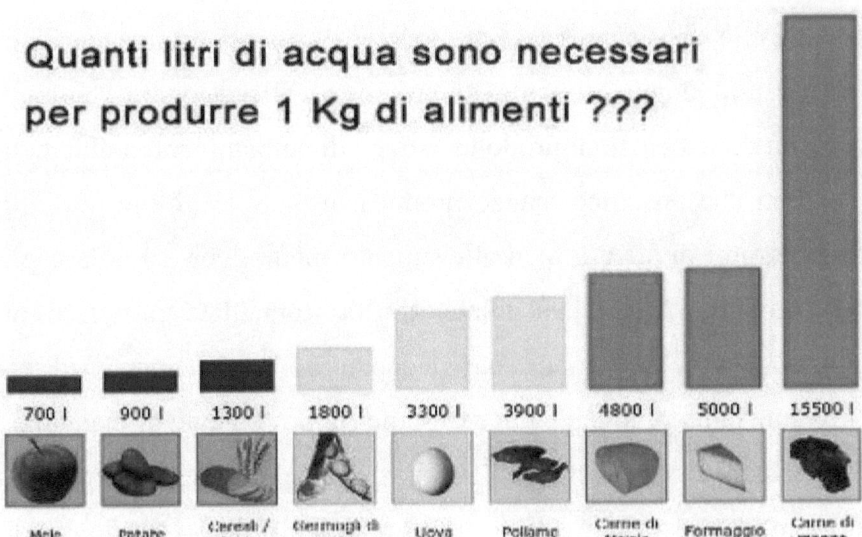



Fonte: Dati tratti da ricerca "WaterInFood" del Politecnico di Torino, 2013.

Eppure l'impatto sulle risorse idriche prodotto dagli allevamenti intensivi non riguarda solamente l'acqua consumata, ma anche l'acqua non consumata dagli allevatori: gli allevamenti intensivi minacciano di contaminare le riserve d'acqua con i loro liquami derivati proprio dall'uso massiccio dell'acqua per lo smaltimento delle deiezioni. L'inquinamento da nitrati, in Europa, è ormai un problema molto serio dovuto per almeno il 50% alla presenza di allevamenti intensivi[30].

Oltre all'inquinamento delle falde acquifere e di superficie, dovuto alle  sostanze rilasciate sul territorio circostante, dove il terreno non è più in grado di assorbire efficacemente l'enorme quantità delle deiezioni prodotte cariche di contaminanti ambientali (si stima che un unico manzo produca in un solo giorno oltre 20 chilogrammi di sterco, e un allevamento medio, con 10 mila capi, può produrre fino a un totale di 200 tonnellate di sterco al giorno[31]), vi è oltremodo da evidenziare l'inquinamento idrico derivante dalla produzione di mangime (la produzione di mangime, l'applicazione del concime e l'occupazione delle terre dei sistemi di allevamento estensivo, sono tra i principali fattori responsabili degli insostenibili carichi di nutrienti, fitofarmaci e sedimenti nelle risorse d'acqua del pianeta[32]), nonché l'inquinamento idrico derivante dall'industria di trasformazione (gli impianti di macellazione e lavorazione delle carni, così come i caseifici, sono effettivamente in grado di inquinare la falda idrica o i corsi d'acqua, soprattutto se non dispongono di impianti per il trattamento delle acque reflue).

---

[30] DE SIMONE Anna, *Allevamenti intensivi e danni ambientali*, ideegreen.it, 29 maggio 2014.
[31] ENSMINGER, Animal Science, Illinois 1991, pag. 187.
[32] FAO, livestock's long shadow environmental issues and options, Roma 2006, pag. 145.

Volendo riassumere, il settore zootecnico è tra quelli che arreca maggiori danni alle già scarse risorse idriche del pianeta, contribuendo tra l'altro all'inquinamento dell'acqua, al fenomeno dell'eutrofizzazione (l'abnorme proliferazione di biomassa vegetale dovuta all'eccessiva presenza di nutrienti quali nitrati e fosfati) e alla degenerazione dei reef corallini[33].

---

[33] MATTHEWS Christopher, , La zootecnica pone una grave minaccia sull'ambiente, Ufficio stampa FAO Roma 29 novembre 2006.

## 2.3  Deforestazione e desertificazione

*Le Foreste a precedere le civiltà, i Deserti a seguire.*

*- François-René de Chateaubriand -*

Quante volte vediamo immagini o documentari di grossi
macchinari intenti a disboscare intere foreste? Alla vista di quelle
immorali immagini ci indigniamo, eppure ci deve essere una
spiegazione, possibile che le foreste del pianeta si stiano esaurendo
solo per produrre legna da stufa?

Eppure, quando acquistiamo della carne al mercato ci
preoccupiamo soprattutto della provenienza, vogliamo sia un
prodotto controllato, magari di origine biologica. Qualsiasi sia la
provenienza del prodotto però, una cosa è garantita: quello che

prima era un animale in carne ed ossa, consumava cibo, acqua e... spazio.

Oltre due milioni di chilometri quadrati, questo il dato impressionante sulla perdita delle foreste nel mondo dal 2000 al 2012: cifra frutto di uno studio pubblicato dalla rivista scientifica *Science* ed effettuato in collaborazione con 15 università degli Stati Uniti d'America.

Fortunatamente ci sono anche aspetti positivi: in Europa ed in Italia, aumentano le aree boschive. Tuttavia, anche se da noi la situazione migliora, proprio l'Europa è considerata come il principale responsabile della deforestazione: tra il 1990 e il 2008 il vecchio continente ha importato e consumato circa 9 milioni di prodotti provenienti da zone disboscate, contro i 4,5 milioni dell'Asia orientale, e l'1,9 dell'America del nord. A rivelarlo è il rapporto 2013 della Commissione Europea, in cui si evidenzia come il disboscamento tropicale sia legato solo in minima parte alla produzione di legname (solo 4,4 milioni di ettari servono alle fabbriche di legno). Infatti ben 58 milioni di ettari servono a far spazio agli allevamenti zootecnici e 69 milioni alle produzioni agricole, soprattutto di soia, mais, olio di palma, riso e canna da zucchero[34].

La moderna zootecnia complessivamente utilizza il 70% di tutte le terre agricole ed il 30% dell'intera superficie del pianeta[35] (figura 6).

Figura 6 – Utilizzo delle terre agricole nel mondo.

Fonte: Rapporto Lega Anti Vivisezione, I costi reali del ciclo di produzione della carne, 2012.

Non è difficile quindi immaginare che gli allevamenti intensivi

---

[34] RUSSO Elena, Deforestazione, ecco le foto dallo spazio: persi 2,3 milioni di chilometri, in Ue migliora, Repubblica, 15 novembre 2013.
[35] FAO, livestock's long shadow environmental issues and options, Roma 2006, pag. XXI.

siano la prima causa di deforestazione dell'Africa tropicale[36]. Proprio in queste aree ormai prive della propria vegetazione, dove le piogge intense, caratteristiche delle zone tropicali, erodono il suolo non più protetto dagli alberi, affiora l'argilla cementata che è del tutto improduttiva.

I dati più rilevanti riguardano la foresta amazzonica: lo scorso anno la deforestazione all'interno della più grande foresta pluviale del pianeta è balzata al 29%. Approssimativamente il 70% delle terre deforestate dell'Amazzonia è stato trasformato in pascoli bovini e la produzione di mangime occupa gran parte del restante 30%[37]. Si può dedurre che ciò comporta una serie di effetti climatici indiretti, dovuti all'impoverimento del suolo, alla minore efficienza di assorbire anidride carbonica da parte del "polmone del pianeta", che oltre ad essere la foresta pluviale più estesa al mondo ed a custodire il 10% delle specie globali con animali simbolo come il giaguaro", bacino idrico fondamentale che conserva il 20% dell'acqua globale e che riesce a stoccare il 25% del carbonio presente sulla Terra.

I dati sopra citati non considerano però il disastro dovuto agli incendi in Amazzonia: nel 2019 il 75% dei focolai si è verificato in

---

[36] FAO, livestock's long shadow environmental issues and options, Roma 2006, pag. 66.
[37] FAO, livestock's long shadow environmental issues and options, Roma 2006, pag. XXI.

aree che nel 2017 erano coperte dalle foreste e che successivamente sono state deforestate o degradate per lasciare spazio a pascoli o aree agricole. Negli stati di Rondônia e Pará, ad esempio, gli incendi mostrano chiaramente l'avanzata dell'agricoltura industriale nella foresta, spesso per far spazio a pascoli per il bestiame e colture, soia in particolare, destinate alla mangimistica. Dei 6.295 focolai registrati tra 16 e il 22 agosto, il 19% si è verificato in aree naturali protette, il 6% delle quali appartengono a diversi popoli indigeni. Secondo i dati di Greenpeace Brasile infatti tra gennaio e agosto 2019, il numero di incendi è aumentato del 145% rispetto allo stesso periodo del 2018.

Passare da disboscamento ad inaridimento del suolo ed in fine alla desertificazione dell'area non è un passo così difficile da immaginare: ogni anno nel mondo si desertifica un'area grande 3 volte la Svizzera, e circa 1,3 miliardi di persone si trovano già adesso in territori con suoli agricoli degradati. Il 20% del territorio italiano è a rischio desertificazione[38].

Secondo una recente ricerca dell'Università Nazionale di Seul, il diffondersi della pastorizia avrebbe influenzato il clima e l'ambiente, dando vita al più vasto deserto caldo della terra: il Sahara. In rapporto alla pubblicazione, il diffondersi degli

---

[38] CAPIRE IL CAMBIAMENTO CLIMATICO, mostra Milano 2019.

allevamenti, circa 10 mila anni fa, avrebbe causato cambiamenti climatici sostanziali; infatti, la luce riflessa sulla superficie terrestre, aumentata per il disboscamento originato proprio dall'allevamento del bestiame, avrebbe modificato le condizioni atmosferiche e, quindi, alla desertificazione dell'area. Una teoria non nuova, già sviluppata e verificata con studi relativi a mutazioni simili nell'Asia Orientale. Utilizzando queste ricerche, gli scienziati hanno esaminato tracce della comparsa della pastorizia nel Sahara e hanno constatato che circa 8.000 anni fa iniziò a diventare comune prima vicino al Nilo e poi sempre più a ovest. Durante le migrazioni, la vegetazione spariva e la quantità di luce solare riflessa cresceva, portando all'alterazione del paesaggio e all'espansione del deserto[39].

---

[39] FOCUS MEGAZINE, Il Sahara è un deserto a causa dell'uomo?, edizione nr. 296, 20 maggio 2017, pag. 118.

## 2.4  Insostenibilità della carne

*Ho fin dalla tenera età abiurato l'uso di carne, e verrà il tempo in cui uomini come me guarderanno l'omicidio degli animali come ora guardano l'omicidio degli uomini.*

*- Leonardo Da Vinci -*

E' detto "sostenibile", un sistema in grado di essere sopportato, dal punto di vista ecologico e sociale. E' possibile oggi affermare che la produzione di carne sia sostenibile? Ci siamo mai chiesti cosa realmente produce povertà sul pianeta?

L'insostenibilità della carne e dei prodotti caseari non riguarda solo il loro considerevole impatto ambientale; è doveroso sottolineare un importantissimo aspetto: un manzo che normalmente alla nascita pesa intorno ai 50 kg, nel momento in cui avrà raggiunto il peso di 600 kg e sarà pronto per la macellazione, produrrà dal 29% al 52% [40] di carne utile, quindi da 170 a 310 kg di cibo. Considerando che il vitello consuma pressoché 12 kg di cibo al giorno per raggiungere in 14 mesi il peso ideale alla macellazione[41] (500/600 Kg), possiamo affermare che nella sua breve vita avrà consumato più di 5000 kg di mangime. Non considerando l'acqua consumata dall'animale, possiamo stimare che da 5000 kg di cibo, ricavandone 170/310 kg di carne, abbiamo avuto una sostanziale perdita che va dal 93,8% al 96,6%.

In termini di calorie assunte, con 1 kg di carne di manzo si possono ottenere tra le 1500 e le 1800 calorie, mentre per 1 kg di soia (mangime più utilizzato negli allevamenti) si ottengono circa 3200 calorie. Consegue quindi che, da un manzo di 600 kg si assumono dalle 255 mila (170 kg x 1500 cal.) alle 558 mila calorie (310 kg x 1800 cal.). lo stesso animale di 600 kg però, avrà consumato (nel caso in cui si sia cibato di soia) circa 16 milioni di calorie (5000 kg x 3200 cal.), per cui sono state perse dal 96,5% al 98,4% di calorie complessive (nell'esempio è stato esaminato un

---

[40] WULF Duane, Did the Locker Plant Steal Some of My Meat?, Department of Animal and Range Sciences South Dakota State University.
[41] ZANICHELLI, risorse energetiche ed equilibrio ambientale, un vitello da ingrassare, Scuola Zanichelli-chimica, www.ebook.scuola.zanichelli.it.

esemplare di manzo, comprensibilmente le cifre sono diverse a seconda del tipo di animale di riferimento).

Se pertanto si considera che:

- Solo l'8% delle terre agricole nel mondo viene utilizzato per produrre alimenti per consumo umano (figura 6);

- Ogni anno vengono uccisi per uso alimentare circa 56 miliardi di animali terrestri che producono una bassissima percentuale delle calorie da essi consumate;

- La popolazione mondiale è sempre in aumento (nell'anno 2100 le previsioni dicono che saremo in 11 miliardi di persone[42]);

- Dal 1970 al 2012, l'LPI (Living Planet Index) globale mostra un calo complessivo del 58% della popolazione dei vertebrati (figura 7), le dimensioni delle popolazioni delle specie di vertebrati sono, in media, scese di oltre la metà in poco più di 40 anni (i dati mostrano un calo medio annuo del 2% e non vi è ancora alcun segno che questo tasso possa diminuire[43]);

- La fame globale è in aumento, colpendo 815 milioni di persone nel 2016 (l'11% della popolazione mondiale[44]);

Non è difficile intuire come il sistema di alimentazione attuale

---

[42] DI PASQUA Emanuela, *Anno 2100: sulla Terra saremo 11 miliardi (ben oltre le previsioni)*, Corriere della Sera, 21 settembre 2014.

[43] WWF, *Living Planet Report 2016*, pag. 6.

[44] Organizzazione Mondiale della Sanità, *La fame nel mondo in aumento, guidata da conflitti e cambiamenti climatici, dice la nuova relazione dell'ONU*, Comunicato Stampa, Roma, 15 settembre 2017.

non sia sostenibile e che le risorse così ripartite su questo pianeta non sono sufficienti a sfamare tutta la sua popolazione. Per fare un esempio, solo mantenendo lo stile di vita italiano servirebbero 2,6 pianeti come la Terra[45].

Figura 7 - Indice del Pianeta Vivente

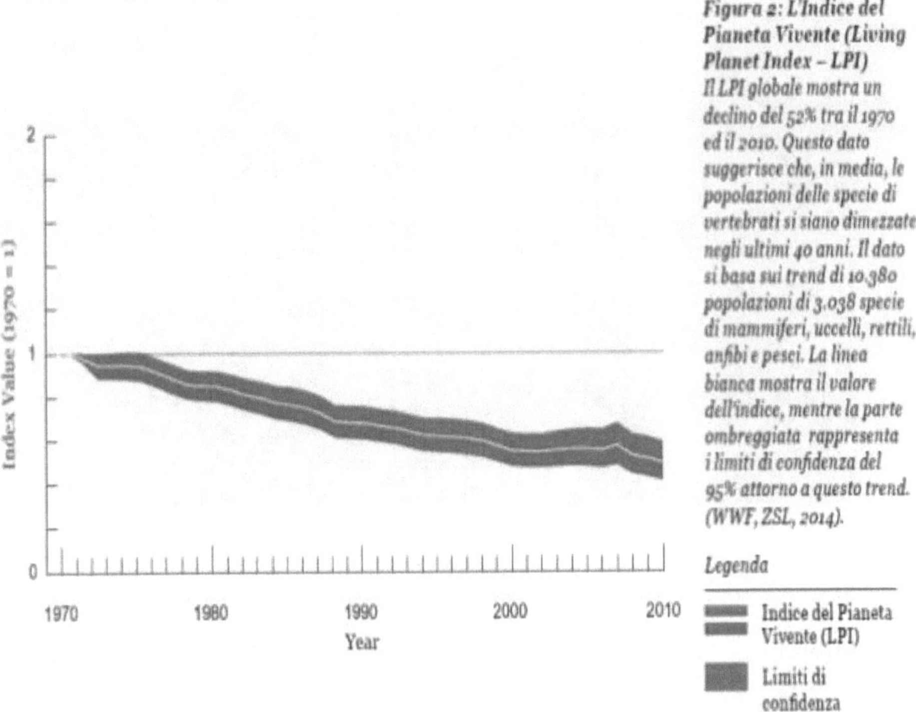


Fonte: WWF, Living Planet Report 2016.

---

[45] BIANCHI Donatella, rapporto Living Planet, WWF Italia, Milano 2014.

# CAPITOLO III

SCELTA DI PRODOTTI ACQUATICI

## 3.1  Impoverimento della fauna acquatica

*La pesca è andata bene; sono le catture che sono andate male.*

*- A.K. Best -*

Pescherecci sempre più vuoti di pesce e sempre più pieni di immondizia, sono queste le scene proposte dai telegiornali di tutto il mondo. In Italia la mancanza di pesce nei mari e nei fiumi fa sempre più notizia, addirittura al punto di richiedere alla Provincia di Belluno ed alla Regione Veneto, di abbattere i cormorani presenti su, fiume Piave; i volatili infatti, toglierebbero troppo pesce ai pescatori locali[46].

Pertanto è opportuno chiederci: quando si estinguerà il pesce su questo pianeta, e cosa comporterà tutto ciò sugli equilibri dell'ecosistema?


Sebbene rispetto al consumo dei prodotti animali terrestri, l'impiego di animali acquatici per motivi alimentari sia un fattore trascurato, il consumo di quest'ultimi incide in maniera significativa sull'equilibrio ambientale. Il consumo globale di pesce è cresciuto costantemente, passando da 9,9 kg pro capite annui nel 1960 a 18,4 kg nel 2009[47], raddoppiando quasi la quota in meno di 50 anni, per un totale di 125,6 milioni di tonnellate di pesce consumate in un anno in tutto il mondo[48] (figura 8).

La pesca marittima, è da considerarsi  il principale fattore antropogenico di impatto sugli ecosistemi marini di tutto il mondo, che interessa la popolazione animale marina e le funzioni dell'ecosistema[49]. Lo sfruttamento intensivo dei mari, operato dalla

---

[46] CUTO Roberto, Piave senza pesce, pescatori in campo contro i cormorani, Corriere delle alpi, 8 gennaio 2018.

[47] FAO Fisheries and Aquaculture Department, the state of world fisheries and aquaculture, Roma 2012, pag. 3.

[48] FAO Fisheries and Aquaculture Department, the state of world fisheries and aquaculture, Roma 2012, pag. 84.

[49] WALLACE Bryan, Global patterns of marine turtle bycatch, Center for Marine Conservation - Duke University Marine Laboratory , USA, 18 febbraio 2010, pag. 1.

pesca, insieme all'inquinamento dei mari, rappresenta la principale causa di devastazione della vita marina. Dal 1950 al 2006 il 29% delle specie marine commerciali è collassata (ovvero ha subito una perdita di oltre il 90%), il numero di zone di pesca giunte al collasso è cresciuto grandemente e ad essere in pericolo non sono solo i pesci ma tutte le creature marine[50].

Figura 8  - Consumo di pesce totale e pro capite

Total and per capita food fish supply by continent and economic grouping in 2009[1]

| | Total food supply | Per capita food supply |
|---|---|---|
| | (million tonnes live weight equivalent) | (kg/year) |
| **World** | **125.6** | **18.4** |
| World (excluding China) | 83.0 | 15.1 |
| Africa | 9.1 | 9.1 |
| North America | 8.2 | 24.1 |
| Latin America and the Caribbean | 5.7 | 9.9 |
| Asia | 85.4 | 20.7 |
| Europe | 16.2 | 22.0 |
| Oceania | 0.9 | 24.6 |
| Industrialized countries | 27.6 | 28.7 |
| Other developed countries | 5.5 | 13.5 |
| Least-developed countries | 9.0 | 11.1 |
| Other developing countries | 83.5 | 18.0 |
| LIFDCs[2] | 28.3 | 10.1 |

[1] Preliminary data.
[2] Low-income food-deficit countries.

Fonte: FAO Fisheries and Aquaculture Department, the state of world fisheries and aquaculture

---

[50] PEARCE Fred, No more seafood by 2050?, New Scientist, 2 novembre 2006.

Le così dette "prede accessorie", sono rappresentate da tutti gli animali catturati non volutamente durante la pesca: ogni anno vengono pescate inutilmente 7 milioni di tonnellate di pesci, oltre ad un gran numero di mammiferi marini, tartarughe ed uccelli che restano imprigionati nelle reti. Un'operazione di pesca a strascico di gamberetti, comporta la cattura di altri animali marini, tra l'80 e il 90% del pescato, che vengono issati morti per poi essere rigettati in mare (i gamberetti rappresentano solo il 2% del mercato ittico globale, ma la loro pesca è responsabile del 33% delle prede accessorie globali[51]). Ogni anno 300 mila cetacei tra balene e delfini, circa 100 mila esemplari di albatros, ben 100 milioni di razze e squali, rimangono intrappolati nelle reti. La pesca a strascico è distruttiva perché spazza letteralmente via i fondali, distruggendo tutte le forme di vita. Oltre alle specie bersaglio, vengono catturate specie prive di valore commerciale come spugne, gorgonie e coralli. Anche un solo passaggio di una rete a strascico rimuove fino al 20% della flora e della fauna dei fondali[52].

Intere specie ittiche anno dopo anno, sono in via d'estinzione, ad esempio l'andamento delle catture di altri tonnidi (Thunnus maccoyii, Thunnini, Makaira indica) è in declino (figura 9), così

---

[51] RICARD Matthieu, Sei un unimale!, Sperling & Kupfer, 2016.
[52] GREENPEACE; Catture Accidentali, 29 dicembre 2010.

l'industria della pesca, dalla fine degli anni novanta (il periodo del declino di tutte le specie di predatori marini classici come tonno e pesce spada), si è dedicata alla pesca di un altro predatore: la verdesca (questa volta appartenente alla famiglia degli squali). Come si può vedere le catture di verdesca sono aumentate considerevolmente negli ultimi anni, raggiungendo le 65.138 tonnellate nel 2010.[53]

Se l'andamento delle catture delle specie più pregiate è in pericolo di declino, notiamo che non vi è molta differenza per quanto riguarda alcune delle specie di minore valore commerciale. Palamita, tonnetto alletterato, sgombro macchiato, tombarello ecc., sono anch'esse specie eccessivamente sfruttate e le catture di queste "specie minori" sono in declino così come quelle delle "specie maggiori". Nel 1988, il totale delle catture di queste specie superò le 147 mila tonnellate, nel 2010 meno di 72 mila tonnellate, quantità inferiore alla metà di quanto pescato alla fine degli anni Ottanta[54] (figura 10).

---

[53] CASTELLETTI Manuel, Verso la fine dell'economia - apice e collasso del consumismo, 13 gennaio 2014.
[54] CASTELLETTI Manuel, Verso la fine dell'economia - apice e collasso del consumismo, 10 novembre 2013.

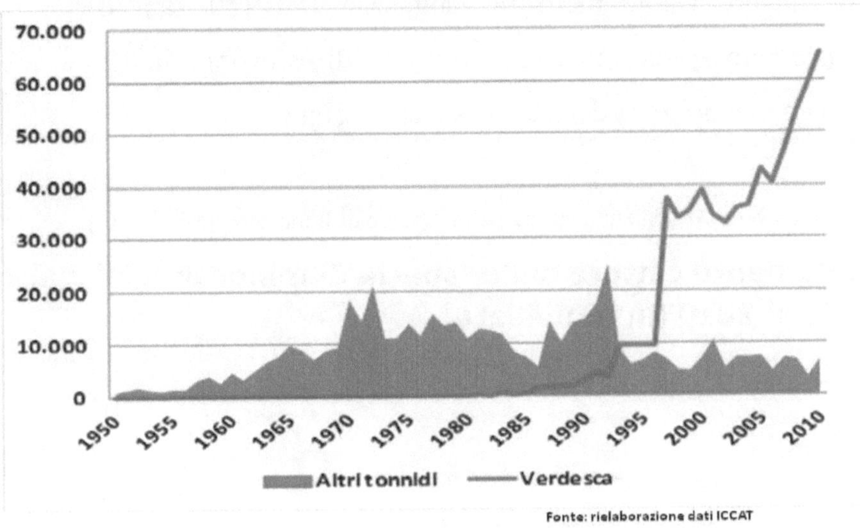


Fonte: Dati ICCAT (The International Commission for the Conservation of Atlantic Tunas) Verso la fine dell'economia - apice e collasso del consumismo

Il metodo indiscriminato usato dall'industria della pesca, coadiuvato dall'inquinamento delle acque provocato dall'uso di fertilizzanti in agricoltura, fa aumentare il plancton e di conseguenza le meduse (considerate secondo l'Agenzia Regionale per la Protezione Ambientale della Toscana, come l'ago della bilancia dell'ecosistema marino), mentre diminuiscono, sempre per effetto della pesca, le altre specie medusofagi, alterando così l'ecosistema marino.

La graduale scomparsa delle specie, non riguarda solo quelle marine, per esempio lo storione, pesce d'acqua dolce che può raggiungere i due metri di lunghezza e i 150 anni d'età, è considerato specie minacciata o in via di estinzione in 19 dei 20 stati che fanno parte del suo ecosistema originario[55].

FIgura 10 – Andamento catture delle "specie di minor pregio"

## Andamento catture delle "specie di minor pregio" dal 1950 al 2010 (in tonnellate)

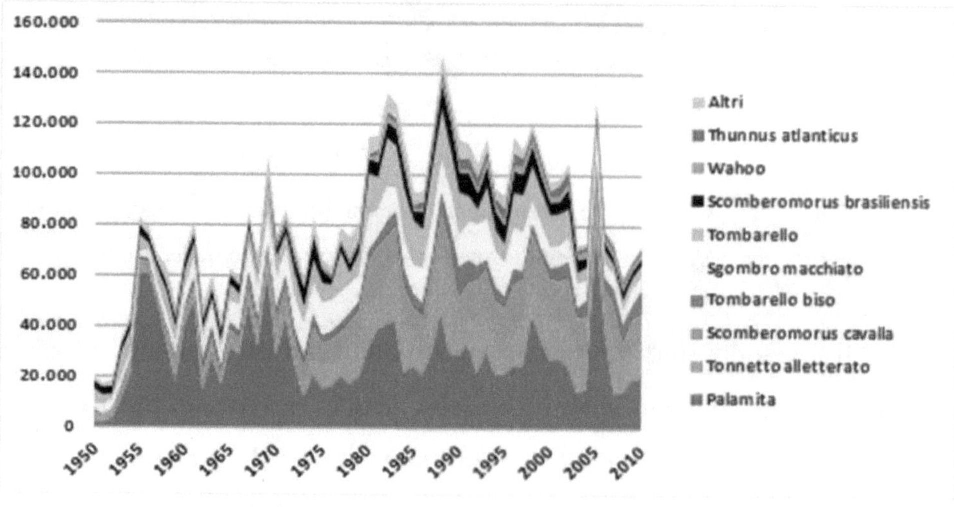


Fonte: Verso la fine dell'economia - apice e collasso del consumismo

---

[55] NATIONAL GEOGRAFIC ITALIA, Storione di lago, 22 marzo 2010.

In Italia, secondo un dossier dedicato dal WWF alle acque italiane, le specie più a rischio tra i pesci sono quelle d'acqua dolce: delle circa 50 specie autoctone di pesci che vivono nei nostri fiumi, laghi e lagune, 3 si sono già estinte e 22 sono, a diverso grado, in pericolo di estinzione.

Eppure a contribuire a questa strage ittica vi è ancora una volta l'allevamento intensivo: la produzione di farina e olio di pesce, in crescita in Africa occidentale, minaccia non solo i mari al largo delle coste africane ma anche la sicurezza alimentare e il sostentamento delle popolazioni costiere. Secondo il recente rapporto di Greenpeace "Pesce sprecato", gli stock di piccoli pesci pelagici, fondamentali per le flotte artigianali costiere e l'alimentazione di Paesi come il Senegal, vengono pescati da grandi flotte industriali e sempre più utilizzati non per l'alimentazione umana ma per produrre farine e oli di pesce. Questi prodotti finiscono nei mangimi per gli allevamenti intensivi, in particolare l'acquacoltura[56].

Greenpeace chiede ai governi dell'Africa occidentale di adottare e attuare misure per invertire il declino delle popolazioni di pesci pelagici e garantirne uno sfruttamento equo e sostenibile, ma la questione centrale è una: è realmente possibile adoperare uno

---

[56] GREENPACE, Pesce sprecato, Rapporto luglio 2019.

"sfruttamento equo"? E' ancora sostenibile e salutare una dieta a base di pesce?

## 3.2  Un mare di plastica



*Anche la terra respinge la plastica e non la digerisce, se piantata*
*non dà alcun frutto, il mare non se la porta sul fondo e la ripone*
*sempre sulla spiaggia.*
*- Elisabeth Wisler –*

100 grammi di merce, imballati in 200 grammi di plastica: è la realtà che ci propongono quotidianamente i grandi fornitori. A che prezzo tutto ciò? Dov'è tutta la plastica prodotta nel mondo?

Vicina ad un valore pari al 100%, è la probabilità che nella tua vita abbia bevuto un bicchiere della stessa acqua, che fu milioni di anni prima, espulsa sotto forma di urina da un dinosauro[57]. E' certo un esempio non gradevole, ma è estremamente diretto ed efficace per comprendere sinteticamente il ciclo dell'acqua, sostanza che è sempre stata, e sarà, della stessa quantità su questo pianeta, seppur soggetta incessantemente a passaggio di stato.

Sulla Terra sono presenti circa un miliardo e mezzo di metri cubi di acqua, il 97% dei quali costituiti da acqua salata dei mari ed il restante 3% da acqua dolce sotto forma di laghi, fiumi, ghiacciai ed acque sotterranee. Le acque si possono distinguere in base alle seguenti caratteristiche: di tipo fisico (temperatura, colore, torbidità); di tipo chimico (contenuto di sali, di gas, di prodotti chimici); di tipo biologico (presenza di microrganismi).

Inquinare l'acqua significa modificarne le caratteristiche in modo tale da renderla inadatta allo scopo a cui è destinata[58].

Possiamo dividere i principali fattori causa di inquinamento marino in:

- Inquinamento industriale: sostanze inquinanti scaricate in mare da parte delle industrie, provocando danni all'intero ecosistema acquatico. Si evidenziano tra le maggiori responsabili

---

[57] STEVE MAXWELL e SCOTT YATES, The future of water, American Water Works Association , 2011.
[58] DIPARTIMENTO DELLA PROTEZIONE CIVILE, Inquinamento delle acque, www.protezionecivile.gov.it.

dell'inquinamento idrico le industrie chimiche.

- Inquinamento civile: acque che derivano dagli scarichi urbani che se non vengono sottoposte a trattamenti di depurazione.

- Inquinamento agricolo: sostanze utilizzate come fertilizzanti e pesticidi, nonché materia originata dai liquami provenienti dagli allevamenti. Queste sostanze arrivano alle falde acquifere sotterranee e ai fiumi per dilavamento dei terreni.

- Inquinamento termico: acqua di temperatura differente, che per necessità industriali (raffreddamento degli impianti), vengono rilasciate nell'ambiente.

- Inquinamento da idrocarburi: sostanze fossili rilasciate nelle acque per motivi di commercio/trasporto, dal petrolio che fuoriesce dalle petroliere, o rilasciato nel processo di pulitura delle cisterne petrolifere.

Che il nostro mare sia una grande raccolta di rifiuti appare noto da anni ormai, le industrie e gli agglomerati urbani rilasciano sostanze inquinanti sia solide che liquide. Mai come oggi infatti, gli oceani sono stati così carichi di rifiuti, uno su tutti, la plastica (figura 11).

Ciò che risalta dal grafico riprodotto secondo il database

*Litterbase,* sviluppato dall'Alfred Wegener Institute[59], che raccoglie tutte le pubblicazioni riguardanti i rifiuti marini ed il relativo impatto ecologico, è l'enorme percentuale di plastica (61,3%) rispetto ad ogni altro componente. Se inoltre si somma alla plastica rilasciata da fonti industriali ed urbane, anche la plastica proveniente dalle attività pescherecce, la quantità totale di questa materia, supera il 70% della composizione globale dell'inquinamento marino.

FIgura 11 – Composizione globale dell'inquinamento marino

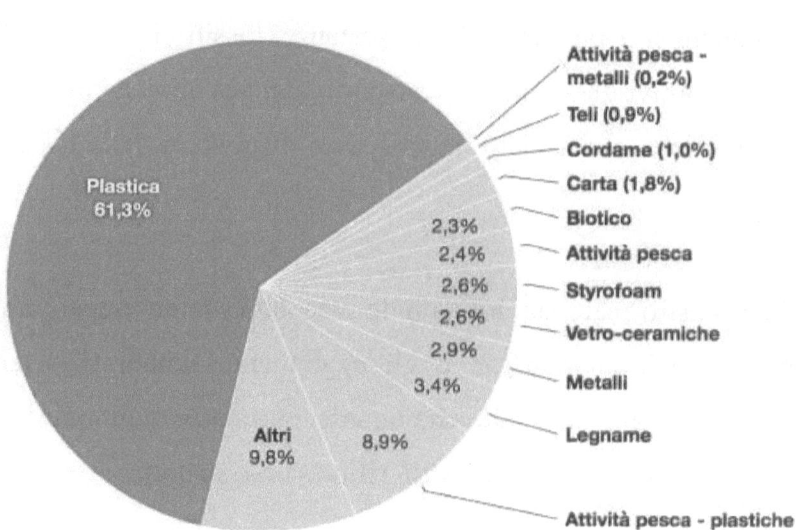


Fonte: Litterbase database

---

[59] L'Istituto Alfred Wegener per la ricerca marina e polare è un istituto di ricerca tedesco con base a Bremerhaven, ed è membro dell'Associazione Helmholtz dei centri di ricerca tedeschi.

Non è un caso quindi che si sia proposto di fondare una nazione con la gigantesca chiazza galleggiante di plastica presente nell'oceano Pacifico: questa è la proposta provocatoria dell'organizzazione ambientalista *Plastic Oceans Foundation*, che ha trovato anche bandiera, passaporto e un primo cittadino illustre alla nazione-spazzatura dalle dimensioni della Francia[60] (circa 700 mila km²).

La presenza della cosiddetta "isola di plastica" non sorprende se si considera che ogni anno circa il 10% delle 260 milioni di tonnellate di plastica prodotte, finisce in mare. In totale si tratta di 46 mila pezzi di plastica galleggianti in ogni miglio quadrato di oceano[61]. Secondo un dossier del WWF, il 60% di tutte le plastiche trovate nel 2009 sono derivate da prodotti usa e getta, per questo motivo sono stati definiti "monumenti galleggianti alla cultura dello spreco[62]".

Particelle di plastica, tra 20 e 50 micron di diametro, sono più sottili di un capello umano, ma la loro massa è sei volte superiore a quella dello zooplancton. Saturando l'acqua, le particelle di plastica

---

[60] INTINI Elisabetta, L'isola di plastica del Pacifico diventi uno Stato, Focus Megazine, 19 settembre 2017.
[61] PULICI Paola, Un mare di plastica, oggiscienza.it, 13 agosto 2012.
[62] WWF, Spiagge D'Italia: Bene Comune, Affare Privato, Dossier Coste – Parte II, pag. 69.

diventano parte tossica dell'ecosistema marino[63] e non solo: secondo lo studio condotto dall'Università di Ghent in Belgio, chi consuma abitualmente pesce, ingerisce più di 11 mila frammenti di plastica ogni anno[64].

Particelle di plastica quindi sono presenti in acqua, nel cibo proveniente dal mare, ma anche nel corpo umano (più del 99% di questi frammenti arrivano al corpo umano attraverso il cibo che si ingerisce[65]) perché composte da materiale non biodegradabile: le materie plastiche sono formate da una molecola troppo complessa per essere decomposta in natura (una bottiglia di plastica impiega mille anni per decomporsi[66]).

Presente negli animali marini non solo sotto forma di micro-particelle di plastica, si stima che i rifiuti plastici stiano uccidendo la vita marina nell'ordine di un milione di uccelli e 100 mila mammiferi all'anno, per avvelenamento e per soffocamento. Uno studio delle Università di Valencia e Barcellona, ha rilevato rifiuti

---

[63] WWF, Spiagge D'Italia: Bene Comune, Affare Privato, Dossier Coste – Parte II, pag. 71.
[64] KNAPTON Sarah, Seafood eaters ingest up to 11,000 tiny pieces of plastic every year, study shows, science editor, The Telegraph, 24 gennaio 2017.
[65] JANSSEN Colin, Microplastics in bivalves cultured for human consumption, Ghent University, Laboratory of Environmental Toxicology and Aquatic Ecology, Ghent 2014.
[66] WWF, Spiagge D'Italia: Bene Comune, Affare Privato, Dossier Coste – Parte II, tabella pag. 69.

nello stomaco di 43 dei 54 esemplari di tartarughe caretta caretta, e nel 76% dei casi si trattava di materiale plastico. Presenza di rifiuti antropici inoltre sono stati individuati nel 50% degli esemplari catturati nel mar Mediterraneo (per lo più rifiuti di tipo galleggiante[67]).

L'inquinamento da plastica è una delle emergenze ambientali globali più gravi dei nostri tempi: secondo il WWF Italia, la plastica è infatti il terzo materiale umano più diffuso della Terra dopo acciaio e cemento. La plastica si trova ormai ovunque, se ne sono trovate tracce nei ghiacciai, nelle grandi fosse marine fino a 10 km di profondità (fossa delle Marianne) e non è un caso che i ricercatori che stanno studiando l'individuazione di un nuovo periodo geologico della storia della Terra, definito "Antropocene", stanno analizzando la plastica come un "tecno fossile" presente nelle stratificazioni geologiche. Nelle isole Hawaii sono state individuate rocce definite "plastiglomerato", perché la plastica è presente e inserita nel loro interno.

Con una produzione di plastica in vertiginosa crescita su scala mondiale, che raddoppierà i volumi attuali entro il 2025, lo stato d'inquinamento da plastica dei mari del Pianeta è destinato solo a peggiorare. Considerando che solo il 9% di tutta la plastica

---

[67] WWF, Spiagge D'Italia: Bene Comune, Affare Privato, Dossier Coste – Parte II, pag. 80.

prodotta globalmente è stata correttamente riciclata[68], il sistema di riciclo globale risulta ancora insufficiente ad arginare questa grave emergenza ambientale, nonostante sia frequentemente invocato come soluzione sia dalle grandi multinazionali che dai decisori politici. Il nostro Paese si colloca al secondo posto in Europa, dietro alla Germania, per plastica prodotta: si può stimare che ogni anno siano immesse al consumo tra i 6 e i 7 milioni di tonnellate. Come avviene sia in Europa che a livello mondiale, anche in Italia circa il 40% di tutta la plastica prodotta viene impiegata per la produzione di imballaggi, con un tempo di utilizzo che può variare dai pochi secondi (una cannuccia) ad alcuni minuti (la bottiglia di una bibita), se dispersi in mare, questi oggetti possono impiegare secoli per degradarsi.

In Italia, nonostante il tasso di riciclo sia in linea con la tendenza media europea, di tutti gli imballaggi in plastica immessi al consumo, solo 4 su 10 vengono effettivamente riciclati, 4 invece vengono bruciati negli inceneritori (Figura 11Bis), una pratica tutt'altro che priva di conseguenze negative per l'ambiente e considerata come *extrema ratio* nella gestione dei rifiuti nell'ambito dell'economia circolare; il restante viene stipato in discarica o disperso nell'ambiente.

---

[68] R. GEYER, J. R. JAMBECK, K. L. LAW, Production, use, and fate of all plastics ever made, 2017.

62

Fonte: Capire il Cambiamento Climatico, Milano 2019.

Nonostante il tasso di riciclo degli imballaggi in plastica sia cresciuto negli ultimi anni, non è riuscito a bilanciare l'aumento del consumo di plastica monouso. Infatti, le tonnellate di imballaggi non riciclati sono rimaste sostanzialmente invariate, vanificando di fatto gli sforzi e gli investimenti per migliorare e rendere più efficiente il sistema del riciclo nel nostro Paese.

Appare evidente che l'unica possibilità per intervenire in modo risolutivo, è ridurre drasticamente e con urgenza il ricorso alla plastica monouso, riprogettando gli imballaggi nella direzione della durevolezza e della riusabilità prima ancora della riciclabilità.

Consumismo e business sono riusciti a trasformare l'acqua in bottiglia in un giro d'affari pari a 150 miliardi di euro, business che in teoria non dovrebbe nemmeno esistere. Ogni anno vengono bevuti in Italia circa 12 miliardi di litri di acqua in bottiglia, questi dati ci pongono al primo posto in Europa per il consumo di acqua in bottiglia ed al terzo posto in tutto il mondo. Sebbene l'acqua del rubinetto in Italia sia potabile, quotidianamente controllata, più regolamentata e sicura di quella in bottiglia, sebbene sia circa mille volte più economica di quella venduta nelle bottiglie di plastica (dell'acqua in bottiglia si paga sostanzialmente la manodopera, la pubblicità, l'imballaggio, il trasporto), i consumatori italiani continuano a scegliere quella promossa dai brand.

A permettere tale "truffa" a discapito dell'economia del consumatore ma soprattutto dell'ambiente, è la convinzione sbagliata che l'acqua imbottigliata abbia un migliore sapore e sia più salutare. La verità è che le grandi multinazionali sulla cresta dell'onda del consumismo, ancora una volta si arricchiscono a discapito dei Paesi meno sviluppati e dell'ambiente: "Bottled Life" il film documentario realizzato dal regista Urs Schnell e dal giornalista Res Gehriger, denuncia l'operato della multinazionale svizzera Nestlè, della Danone e della Coca-Cola nei Paesi come Pakistan, Etiopia e Brasile, dove i pozzi scavati stanno privando la popolazione dell'acqua potabile, per poi essere rivenduta a caro prezzo imbottigliata dopo essere stata trattata con l'aggiunta di minerali. Secondo uno studio dell'United Nations Comitee on Economic, Social and Cultural Rights, oggi in Pakistan, il 44% della popolazione non ha ancora accesso ad acqua potabile e sicura. Percentuale che sale al 76.5% nella popolazione delle aree rurali. Ogni anno, continua lo studio, in Pakistan muoiono più di 200 mila bambini a causa della dissenteria, e l'accesso alle proprie falde sotterranee è la sola possibilità per le persone per avere acqua sicura. Insomma, l'acqua è vita, non un bene da cui trarre un indiscriminato profitto, in nome del quale, la Nestlé sta contribuendo al depauperamento delle risorse idriche, inaridendo le locali fonti d'acqua e i pozzi fino a oggi utilizzati per uso domestico e agricolo. Inoltre, l'attuale estrazione dell'acqua condotta dalla Nestlé non è sostenibile: la multinazionale preleva oro blu molto più velocemente di quanto possa essere naturalmente rinnovata, mettendo a grave rischio il diritto all'acqua delle future generazioni[69].

---

[69] ROBERTA RAGNI, Consumare Acqua, GreenMe, 20 gennaio 2012.

## 3.3  Immigrazione, mare e sovrappopolazione

*Più ci saranno gocce d'acqua pulita, più il mondo risplenderà di*
*bellezza.*

*- Madre Teresa di Calcutta –*

La terra sommerge e la terraferma è sempre più ridotta, allora nuotare per tutta la vita, o emigrare altrove?

Sono cinque gli atolli scomparsi nelle Isole Salomone, una nazione insulare del Pacifico meridionale. Li, rilevano gli esperti, dal 1994 al 2016 il livello del mare si è alzato di 7-10 millimetri l'anno. Le isole sparite non erano abitate ma ne esistono altre, ampiamente compromesse e in cui la popolazione locale è stata costretta ad abbandonare le proprie case. [70]

Destinate ad una scomparsa certa, vi sono purtroppo numerose isole, così come ha annunciato il Presidente della Repubblica di Kiribati: il suo Paese ha gli anni contati, da 30 a 60 al massimo. Questo gruppo di isole e atolli dell'Oceania, è infatti minacciato dall'innalzamento del mare dovuto al riscaldamento globale, che provoca tanto l'erosione delle coste, quanto la contaminazione delle riserve di acqua dolce, indispensabile per vivere su questi fazzoletti di terra lontani da tutto e da tutti[71].

Non solo isole ed atolli però sono minacciati dall'innalzamento del mare: il Bangladesh è una nazione di circa 170 milioni di abitanti, soggetta allo scioglimento dei ghiacciai tibetani per via del surriscaldamento globale, all'innalzamento del livello dei mari e la conseguente salinizzazione dei terreni agricoli, al dominio del Monsone di Sud Ovest che genera tifoni e cicloni tropicali e all'erosione di centinaia di chilometri di coste. Il risultato è che il Paese sta letteralmente sparendo. Migliaia di chilometri quadrati di terreni, di isole che si trovano lungo il corso dei maggiori fiumi, sono state già sommerse dalle acque, obbligando migliaia di

---

[70] LA REPUBBLICA, Cinque isole del Pacifico sommerse dal mare, prime vittime del cambiamento climatico, 11 maggio 2016.
[71] MANTOVANI Rebecca, Kiribati: le isole che stanno scomparendo, Focus Megazine, 17 luglio 2013.

contadini ad abbandonare la propria terra per cercare la sopravvivenza all'estero. Dove una volta c'erano campi coltivati, aree coperte da una fitta vegetazione, tipica dei climi tropicali e villaggi abitati, pascoli, villaggi di contadini e pescatori, ora c'è solo acqua, mentre quello che un tempo era un fedele amico, il fiume Brahmaputra, oggi si è trasformato per i bengalesi in un implacabile divoratore della loro terra[72].

Le osservazioni del livello del mare condotte dalla NASA, tramite gli altimetri satellitari *Topex* e *Jason,* che forniscono misure precise dell'altezza delle superfici oceaniche, hanno rilevato che il livello marino è in aumento a un tasso di circa 3 mm l'anno[73] (figura 12).

Secondo il geofisico Steve Nerem dell'Università del Colorado, i livelli del mare crescono più velocemente di 50 anni fa ed è molto probabile che peggiorerà in futuro: alcune aree hanno mostrato livelli di mare che aumentano più di 25 cm, in base ad un'analisi di 23 anni di dati satellitari[74]. Certamente non poco, se valutiamo che più di 150 milioni di persone, principalmente in Asia, vivono entro

---

[72] EUROROMA, Bangladesh. Il Paese che scompare, euroroma.net, 15 settembre 2014.
[73] COLE Steve, NASA Science Zeros in on Ocean Rise: How Much? How Soon?, NASA, 26 agosto 2015, pubblicazione 174/2015
[74] KLOTZ Irene, Global sea levels climbed 3 inches since 1992, NASA research shows, Reuters, 26 agosto 2015.

un  metro dal mare.

Figura 12 – Altimetria satellitare Topex/Jason

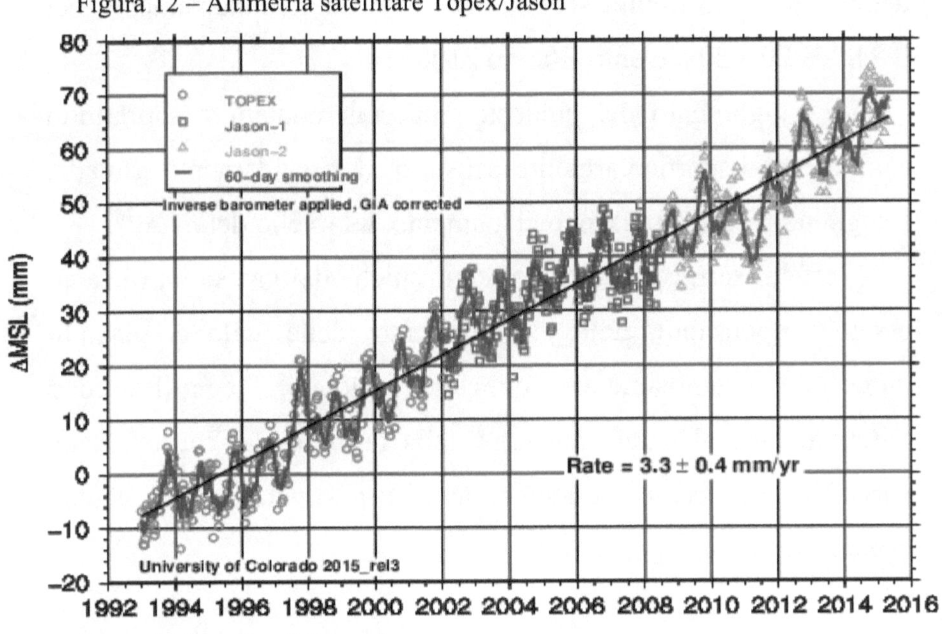


Fonte: University of Colorado

A disegnare uno scenario apocalittico invece è uno studio del Carnegie Istitution for Science, il quale dimostra che esaurendo le scorte di combustibile fossile del pianeta, si rischierebbe di sciogliere quasi completamente il continente Antartico, producendo un innalzamento dei mari pari a 50/60 metri, sommergendo così aree molto popolate dove più di un miliardo di persone attualmente risiede  (figura 13).

Cause dell'aumento medio del livello del mare sono:

- L'espansione termica degli oceani: l'aumento della temperatura delle acque, contribuirà secondo le stime ad un innalzamento dei livelli da 20 a 80 cm entro l'anno 2100[75].

- Lo scioglimento dei ghiacci: ghiacciai montani e soprattutto calotte polari, particolarmente sensibili al riscaldamento globale, sciogliendosi contribuiscono all'aumento del livello del mare[76].

- L'effetto serra: le immissioni antropiche dei gas serra, oltre ad essere responsabili dello scioglimento delle calotte glaciali, inducendo cambiamenti climatici globali, contribuiscono indirettamente alla deformazione della terra solida, causata dalle variazioni del campo gravitazionale e del volume del bacino oceanico globale[77].

L'azione antropica, così come artefice della graduale estinzione della fauna marina e dell'inquinamento degli oceani, modificando la natura, è responsabile diretta dell'innalzamento delle acque che, a loro volta, incrementano in modo considerevole il numero di

---

[75] CHURCH John, Understanding and Projecting Sea Level Change, The Oceanography Society, vol. 24, nr. 2, pag. 131.
[76] CHURCH John, Sea-Level Rise from the Late 19th to the Early 21st Century, Surveys Geophys, 2011, vol. 32, pag. 589.
[77] MEYSSIGNAC Benoit, Sea level: A review of present-day and recent-past changes and variability, Journal of Geodynamics, Toulouse 2012, vol. 58, pag. 102.

sfollati ambientali anno dopo anno.

Figura 13 – Aree sommerse in Europa

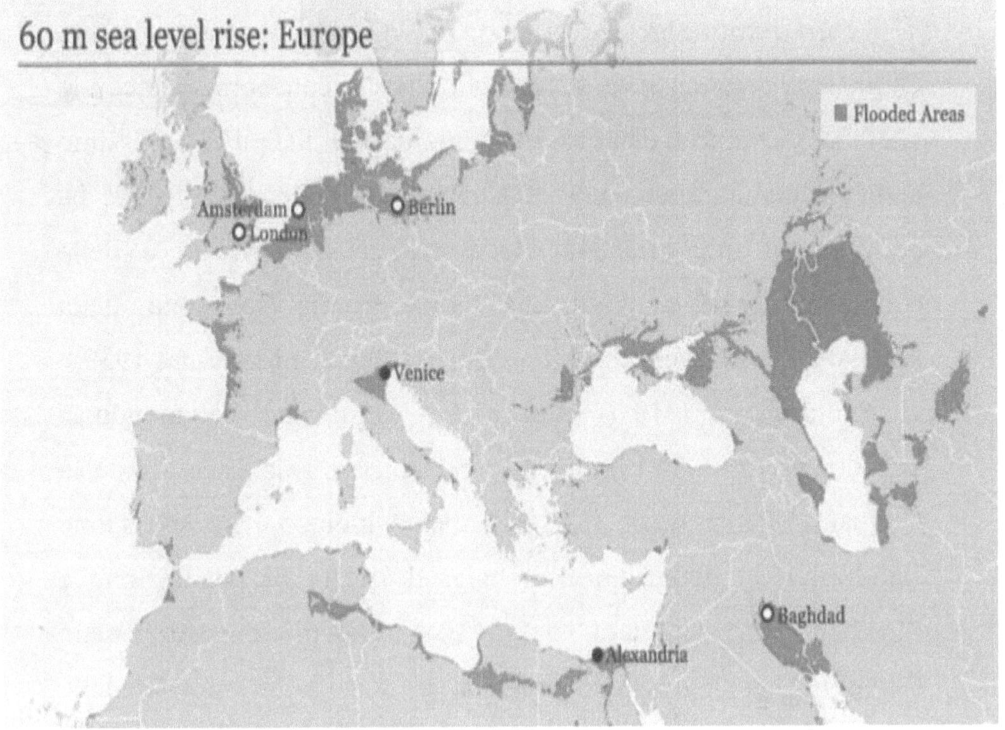


Fonte: TGCOM24, Clima, futuro da incubo: fra 10 anni città sommerse e milioni di rifugiati.

Premesso quanto sopra, il problema si fa decisamente più serio tenendo in considerazione che la popolazione mondiale è in costante ed esponenziale aumento: nei prossimi anni l'Africa sarà il continente con il più alto tasso di crescita dei centri urbani. Si stima

71

che, entro il 2050, le città africane raccoglieranno 950 milioni di cittadini in più rispetto agli attuali [78]e che la popolazione mondiale raggiunga i 10 miliardi di individui.

I dati forniti presso la mostra "Capire Il Cambiamento Climatico" organizzata a Milano nel 2019 in collaborazione con la National Geografic, evidenziano come dopo millenni di lentissimo aumento demografico, dall'Ottocento l'uso dellenergia fossile ha permesso il miglioramento della produzione agricola e delle condizioni sanitarie, quindi una vera e propria esplosione della popolazione: eravamo un miliardo nel 1800, 2 miliardi nel 1930 e 7,7 miliardi nel 2019 (Figura 13Bis). Ogni anno nel mondo si aggiungono circa 80 milioni di persone, pari a un Paese come la Germania. Per mitigare il riscaldamento globale è indispensabile stabilizzare la popolazione globale. Il livello di popolazione e l'intensità di consumi di energia e materie prime condizionano l'impronta ecologica dell'umanità e con il diffondersi della tecnologia e l'accesso all'energia, la situazione andrà sicuramente a peggiorare. Oggi servirebbero quasi due pianeti come la Terra per mantenerci in condizioni si sostenibilità.

---

[78] FILIPPO MASTROIANNI, Conseguenze del boom demografico africano. Le nuove megalopoli, Il Sole 24 Ore, 9 aprile 2019.

Figura 13Bis – Crescita popolazione mondiale

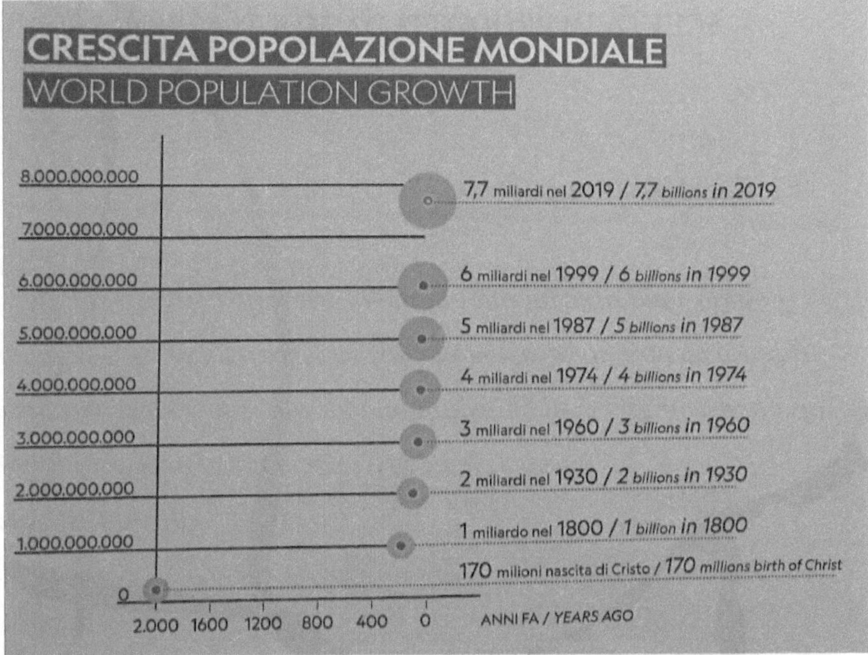


Fonte: Capire il Cambiamento Climatico, Milano 2019.

# CAPITOLO IV
## SCELTA DI PRODOTTI DA MULTINAZIONALI

## 4.1 Land grabbing

*Quando sono arrivati qui i bianchi, avevano con loro soltanto la Bibbia, mentre noi avevamo le nostre terre. Ci hanno insegnato a pregare, con gli occhi chiusi: quando li abbiamo riaperti i bianchi avevano le nostre terre e noi avevamo la Bibbia.*

*- Jomo Kenyatta -*

Una canzone del gruppo "99 Posse", band musicale napoletana, faceva così: *"di chi sono i diamanti della Sierra? Di chi è tutta l'acqua della terra? Delle multinazionali, dei signori della guerra,*

*o di tutte le popolazioni del pianeta terra?"*

L'acquisizione di terreni agricoli su scala globale da parte di imprese transnazionali, governi stranieri o singoli soggetti privati, è un fenomeno che si è particolarmente sviluppato all'inizio del XXI secolo soprattutto nei Paesi in via di sviluppo. Da circa 10 anni infatti, governi e grandi investitori, acquistano vaste aree coltivabili, soprattutto in Asia, Africa e America Meridionale.

Tutto nasce da un'insicurezza alimentare, la domanda globale continua a crescere, e tra il 2007 ed il 2011, i prezzi dei prodotti agricoli, hanno fatto registrare picchi drammatici. A comprare terra, sono Paesi in forte crescita come la Cina ed il Brasile, oppure Paesi con carenze croniche e grandi possibilità economiche come gli Emirati Arabi e l'Arabia Saudita (figura 14). Paradigma quello dei Paesi del golfo, da sempre caratterizzati da una scarsità di terre coltivabili e di risorse idriche. Tuttavia grazie alle grandi disponibilità finanziarie sono in grado di far fronte alle necessità alimentari delle loro popolazioni, ponendosi tra i protagonisti attivi del *land grabbing* contemporaneo: nel 2003 gli Stati del G.C.C. (Consiglio di Cooperazione del Golfo) spendevano otto miliardi di dollari l'anno per l'approvvigionamento alimentare, nel 2010 l'esborso ammontava a 25,8 miliardi e secondo le previsioni, la cifra è destinata a crescere più del doppio in dieci anni, fino a toccare i 53,1 miliardi di dollari nel 2020[79].

Ma ad investire sono anche le grandi potenze mondiali come Stati Uniti e Gran Bretagna, e persino l'Italia, si è assicurata oltre mezzo milione di ettari in Paesi stranieri. A vendere terreni invece, il più delle volte sono i Paesi poveri e sottosviluppati, dove i beni comuni vengono spesso gestiti da governanti poco coscienziosi. In Mozambico, per esempio, le risaie cinesi hanno preso il posto dei campi coltivati dai locali, ed il prezzo dell'affitto per un anno, può addirittura scendere al di sotto di un dollaro per ettaro.

Solo nell'anno 2008, prima della crisi dei prezzi alimentari, come dimostra la figura 14,  i quattro Paesi: Corea del Sud, Cina, Arabia Saudita ed Emirati Arabi Uniti, acquistavano in vari Paesi esteri, ben oltre 7 milioni di ettari, ovvero più di 70 mila chilometri quadrati di terreno, un'area pari a quella dell'Irlanda.

Dopo il 2008 questa pratica è aumentata del 1000%, a causa della crisi dei prezzi alimentari. Le finalità sono fondamentalmente due: produzione di cibo per esportazione o per biocarburanti. Tali pratiche sono perlopiù attuate violando i diritti umani dei territori occupati, ignorando l'impatto sociale, economico ed ambientale

---

[79] SELLARI Paolo, land grabbing e crisi alimentari, sostenibilità alimentare e prezzi agricoli, bollettino della società geografica italiana, Roma, gennaio-marzo 2013, serie XIII - volume VI, fascicolo 1, pag. 185.

delle comunità che utilizzano quella terra, come sottolineato dalla dichiarazione di Tirana, redatta il 26 maggio 2011 dall'International Land Coalition[80].

Figura 14 – Land grabbing mondiale fino al 2008

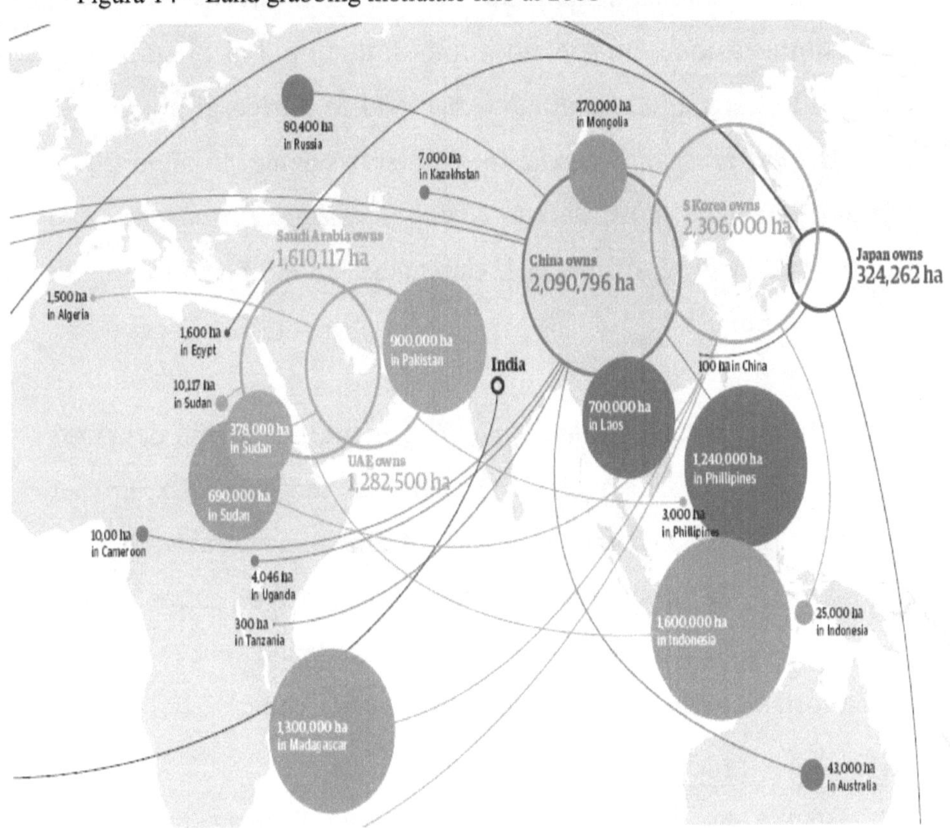


Fonte: Agricultural Biodiversity Weblog – agro.biodiver.se

---

[80] MENEGHELLO Veronica, Land grabbing: benificiari internazionali, vittime locali, linfalab.it, 24 marzo 2014.

Avere le cifre esatte del cosiddetto "accaparramento delle terre" è pressoché impossibile, i contratti trasparenti sono solo la parte emersa dell'iceberg. I dati ufficiali differiscono, e di tanto, dai dati ufficiosi riguardo al fenomeno (figura 15).

L'Oxfam[81], che ha denunciato il fenomeno in diverse campagne di sensibilizzazione, ha stimato in più di due milioni di chilometri quadrati le terre sottratte, di cui i due terzi in Africa. Il più grande caso di *land grab* mai registrato, è forse risalente all'anno 2013, quando l'agenzia governativa cinese *Xinjiang Production and Construction Corp.*, affittò per la durata di 50 anni, ben 3 milioni di ettari in Ucraina[82].

Quanto influiscono sul *land grabbing* le multinazionali del cibo? Evidentemente più di quello che si pensa: secondo l'Oxfam, per esempio, in Paesi come Brasile e Cambogia le aziende che riforniscono di zucchero Coca-Cola, PepsiCo e altre grandi compagnie dell'alimentare, stanno bandendo i piccoli agricoltori, sottratti così dei loro diritti e del cibo[83]. Il business

---

[81] L'Oxfam è una confederazione internazionale di organizzazioni non profit che si dedicano alla riduzione della povertà globale, attraverso aiuti umanitari e progetti di sviluppo.

[82] LA STAMPA, Land grabbing, così emiri e cinesi si comprano il futuro della Terra, 5 marzo 2015.

[83] RAGNI Roberta, zucchero amaro: fermiamo il land grabbing di pepsi e coca cola, greenme.it, 2 ottobre 2013.

dello zucchero infatti, oggi vale circa 50 miliardi di dollari. Solo nel 2012, nel mondo sono state prodotte 176 milioni di tonnellate di zucchero, di cui il 50% è destinato all'industria alimentare. Nel 2013 la superficie utilizzata per la coltivazione di canna da zucchero era di 31 milioni di ettari: un'area grande come l'Italia, per lo più concentrata nei Paesi in via di sviluppo.

Figura 15 – Distribuzione per continenti del land grabbing (in milioni di ettari)

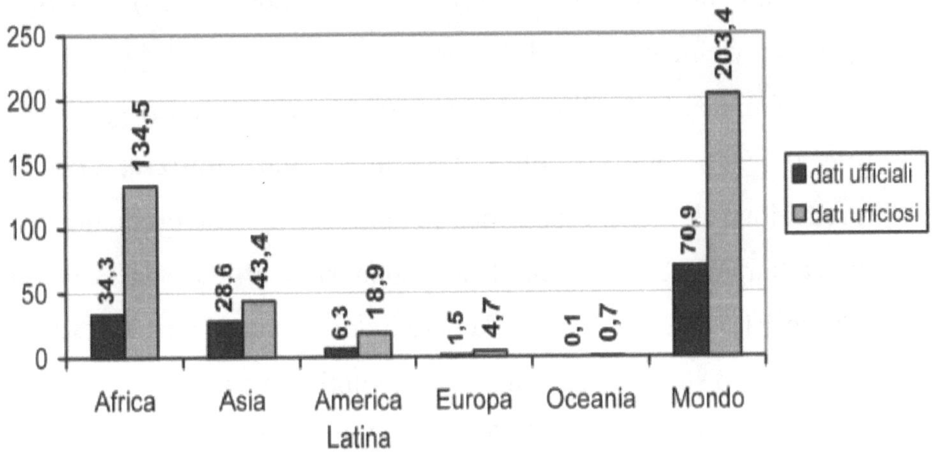


Fonte: Elaborazione su dati GRAIN 2010

In cima alla classifica dei Paesi più sfruttati da parte delle multinazionali straniere ci sono quelli africani, probabilmente non esiste nazione africana estranea a questo fenomeno. Fenomeno che si è inevitabilmente esteso a tutte le materie prime, minerali e carburanti. Di seguito sono menzionati pochi avvenimenti che hanno portato multinazionali poco note, ad "accaparrarsi" grandi appezzamenti di terra nel continente africano negli ultimi 10 anni:

- In Cameroon, nel 2006, una filiale della cinese *Shaanxi Land Reclamation General Corporation*, la IKO, ha sottoscritto un accordo di 120 milioni di dollari con il governo del Cameroon, acquistando in questo modo l'azienda agricola che produce riso ed ottenendo 10 mila ettari di terra in leasing per 99 anni, inclusi 2 mila ettari in Nanga-Eboko (vicino all'azienda di riso), e 4 mila ettari nel vicino distretto di Ndjoré.

- In Guinea, la multinazionale americana *Farm Lands of Guinea Inc* (FLGI) controlla oltre 100 mila ettari utilizzati per la produzione di mais e soia per l'esportazione o la produzione di biocarburanti. Inoltre, alla FLGI sono stati affidati dal governo ulteriori 1,5 milioni di ettari da dare in locazione ad altri investitori, un contratto su cui ci guadagna una commissione del 15%.

- In Costa d'Avorio, la SIFCA ha 47 mila ettari di piantagioni di palma da olio e di canna da zucchero. Nel 2007, *Wilmar* e *Olam* (multinazionali agro-alimentari con sede a Singapore) hanno creato un'associazione tra imprese, *Nauvu*, per acquisire una partecipazione del 27% nella SIFCA, il più grande produttore di olio di palma e di canna da zucchero del Paese.

- In Sierra Leone nel 2010, l'azienda svizzera *Addax* ha preso il controllo di 10 mila ettari per la coltivazione di canna da zucchero destinata alla produzione di etanolo a partire dal 2013. Nel 2011, SOCFIN, società controllata del gruppo francese *Bolloré*, ha preso in affitto 12.500 ettari per la produzione di palma da olio. Infine, delle imprese vietnamite stanno preparando grandi progetti per la coltivazione di riso e gomma.[84]

- Il caso Chevron in Ecuador è senz'altro uno dei casi più controversi del Diritto Internazionale oltre che uno dei maggiori disastri ambientali della storia. La compagnia petrolifera statunitense infatti, tra il 1964 e il 1990 in una delle zone a più alta biodiversità del Pianeta, provocò un danno ambientale e patrimoniale esteso per oltre 450 mila ettari di terreno (tre volte la superficie della Città Metropolitana di Milano) estraendo quasi 5 miliardi e mezzo di litri di petrolio, sversando circa 70 miliardi di litri di acque tossiche nei corsi d'acqua e nella foresta[85].

Come si è visto il fenomeno del land grabbing è pervasivo e si caratterizza per una nuova geopolitica che coinvolge sempre più Stati e imprese sia come investitori che come target. E' un sistema

---

[84] RUGGIERO Dario, Land grabbing: sviluppo o antisviluppo?, LTEconomy, 11 luglio 2014.

[85] FOCSIV - Volontari nel mondo, I Padroni della Terra. Rapporto sul land grabbing, 2018.

di operazioni che contemporaneamente si espande e si concentra in territori e settori particolari e sempre più diversificati. Vi sono diverse competizioni per accaparrarsi le terre: competizioni tra diversi Stati, imprese e società finanziarie, competizioni tra diverse destinazioni d'uso. Emerge la crescente importanza degli investimenti agricoli per la produzione di biocarburanti ma anche per coltivazioni cosiddette flessibili, che occupano terre fertili sottraendole alle produzioni alimentari. Emerge inoltre la rilevanza delle operazioni in Paesi dalle grandi risorse naturali, dove i governi sono deboli, poco democratici e poco trasparenti, dove la popolazione locale sta soffrendo di drammatici conflitti e iniquità, come in Repubblica Democratica del Congo, Papua Nuova Guinea, Sud Sudan. In tali casi sono molto più alte le probabilità di investimenti che si realizzano a danno delle popolazioni locali e dell'ambiente, in collusione tra interessi di sfruttamento e di potere. Secondo la sociologa Saskia Sassen si tratta di "un generale cambiamento sistemico" che vede "la formazione di un vasto mercato globale della terra" con lo sviluppo di "una vasta infrastruttura di sostegno specializzata" che favorisce le operazioni di accaparramento, una "mercificazione su larga scala della terra, che a sua volta può portare a una finanziarizzazione di quella merce". Ciò produce espulsioni di contadini e di interi villaggi e l'inquinamento ed esaurimento di risorse fondamentali per la vita.

"Nel loro insieme, queste enormi acquisizioni di terra hanno creato uno spazio operativo globale che è in parte incorporato nei territori nazionali. Esse producono una parziale denazionalizzazione i cui perimetri tagliano in profondità i territori degli Stati-Nazione, creando delle enclave strutturate nel tessuto del territorio nazionale dello Stato sovrano. Lo Stato è di fatto il ramo esecutivo del governo che si allinea sostanzialmente al capitale delle società multinazionali[86]".

L'acquisizione e la locazione di grandi appezzamenti di terreni in Africa e nei Paesi più poveri del mondo stanno alimentando il risentimento delle comunità locali, favorendo l'emergere di proteste e conflitti. Molte popolazioni indigene desiderano riavere la loro terra indietro. Qualsiasi aiuto o investimento estero deve rispettare il benessere locale e non deve assolutamente danneggiare o addirittura distruggere le tradizioni e la cultura locale. Allo stato attuale, gli investimenti esteri in campo agricoli si stanno dimostrando distruttivi e non hanno portato alcuna forma di sviluppo in loco. Questo significa che il *Land Grabbing* non farà altro che alimentare la gravità dell'attuale crisi climatica, ecologica e migratoria.

---

[86] SASSEN S., Espulsioni. Brutalità e complessità nell'economia globale, Il Mulino, Bologna 2015.

## 4.2 Finanziarizzazione agricola e crisi alimentari

*Non credo che abbiamo fatto nulla di sbagliato nel portare via da loro questo grande paese. Ci sono state un gran numero di persone che avevano bisogno di nuova terra, e gli indiani stavano egoisticamente cercando di tenerla per sé.*

*- John Wayne -*

Seduti comodamente sul nostro divano di casa, oggi possiamo con un click acquistare o vendere azioni, obbligazioni o materie prime ed alimentari. Con un click e senza sforzo, siamo protagonisti dell'andamento della borsa e dei prezzi dei prodotti agricoli come grano e riso. Questo sali-scendi dei prezzi cosa potrà comportare per le persone del terzo mondo che vivono di agricoltura? Possono le nostre scelte finanziare incidere sull'innalzamento dei prezzi alimentari e quindi contribuire alle insurrezioni dei Paesi dell'altro globo?

Di recente in campo finanziario, è stata attribuita grande attenzione alla geografia finanziaria, nell'intento di elaborare strumenti teorici e metodologici negli studi delle relazioni tra economia finanziaria ed economia produttiva. Le strategie delle aziende infatti, sono sempre più rivolte alla soddisfazione delle aspettative degli azionisti attraverso la massimizzazione del valore delle azioni e l'aumento dei dividendi, trascurando in qualche misura la produttività. Le decisioni aziendali e le varie attività di localizzazione, ristrutturazione o ridimensionamento delle attività, sono spesso prioritari rispetto ai tradizionali fattori correlati alla produttività e al profitto dell'impresa[87].

Esempi emblematici del fenomeno di finanziarizzazione dell'alimentare, sono Nestlè, Kraft e Unilever, tre tra le maggiori società del settore agroalimentare al mondo. A partire dall'anno 2000 Nestlé, Kraft e Unilever hanno cercato di conformare l'organizzazione aziendale alla domanda dei mercati finanziari,

---

[87] LUCIA Maria Giuseppina, Speculazione finanziaria e crisi alimentare, sostenibilità alimentare e prezzi agricoli, bollettino della società geografica italiana, Roma, gennaio-marzo 2013, serie XIII - volume VI, fascicolo 1, pag. 133.

mediante la realizzazione degli obiettivi indicati dagli analisti finanziari. Così Kraft nella prima fase di attuazione, effettuò tra il 2000 e il 2004 un taglio di 6.000 posti di lavoro e la chiusura di 20 stabilimenti; Unilever ridusse il numero delle aziende nel mondo da 500 (di cui 300 alimentari) a 150 e a sua volta la Nestlé realizzò aumenti sensibili dei guadagni degli investitori, ma al tempo stesso furono anche in questo caso notevoli le perdite di posti di lavoro per la riduzione delle unità produttive[88].

La nuova organizzazione delle industrie agroalimentari ha contribuito significativamente alla trasformazione dei generi alimentari in azioni soggette alla speculazione finanziaria attraverso strumenti finanziari. Dove l'accesso agli strumenti finanziari è maggiore, l'apporto del settore agricolo al PIL è inferiore (figura 16).

Da tutto ciò deriva una forte volatilità dei prezzi dei generi alimentari determinata dalle decisioni e dagli obiettivi dei grandi investitori. Così, mentre sempre più risorse finanziarie vengono investite quotidianamente per speculare su prodotti agricoli, piccoli imprenditori agricoli e contadini incontrano ostacoli notevoli per continuare la loro attività in relazione ai rapidi cambiamenti delle

---

[88] IUF, UITA, IUL, Feeding Financial Markets: Financialization and Restructuring in Nestlé,
Kraft and Unilever, settembre 2006, pag. 11.

quotazioni del mercato e alle difficoltà ad accedere al credito bancario per investimenti e consumi. Le banche infatti, richiedono garanzie per erogare prestiti, mentre le imprese agricole colpite dagli effetti della finanziarizzazione sono sempre più considerate soggetti a rischio, potenzialmente insolventi e perciò escluse dal credito. Al tempo stesso la volatilità dei prezzi aggrava la situazione delle fasce di popolazione più povera, impedendo l'accesso all'alimentazione, riconosciuto dagli organismi internazionali come uno dei diritti fondamentali dell'umanità[89].

La situazione che di conseguenza si viene a formare nei Paesi più poveri ed in via di sviluppo, può dare in parte spiegazione alle crisi alimentari, ai conflitti ed ai movimenti migratori ad esse direttamente connesse. Movimenti che, in una sorta di circolo vizioso, contribuiscono a complicare il quadro problematico di crisi che originano da questioni alimentari.

---

[89] LUCIA Maria Giuseppina, Speculazione finanziaria e crisi alimentare, sostenibilità alimentare e prezzi agricoli, bollettino della società geografica italiana, Roma, gennaio-marzo 2013, serie XIII - volume VI, fascicolo 1, pag. 135.

Figura 16 – Correlazione negativa tra popolazione rurale, addetti all'agricoltura, apporto dell'agricoltura al PIL e inclusione finanziaria nei paesi in via di sviluppo

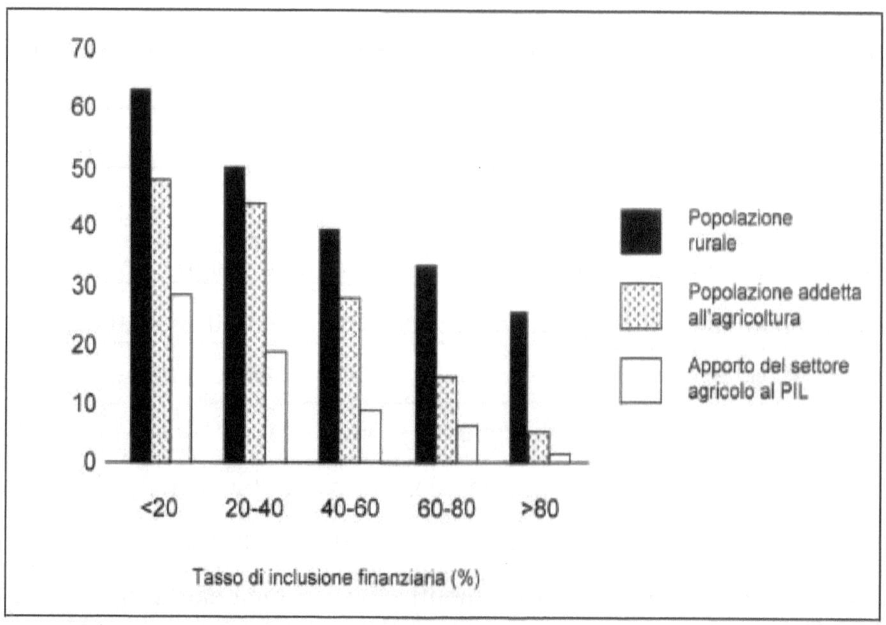


Fonte: Speculazione finanziaria e crisi alimentare, sostenibilità alimentare e prezzi agricoli, bollettino della società geografica italiana – 2013

E' proprio negli alti prezzi del cibo, infatti, che i ricercatori del NECSI (New England Complex Systems Institute) di Cambridge, hanno individuato la molteplicità delle condizioni in cui il più piccolo motivo, può portare a disordini. La tempistica delle sollevazioni in Nord Africa e Medio Oriente nel 2011 sembra confermare empiricamente questa teoria: coincide con gli aumenti più significativi nei prezzi del cibo (figura 17).

Nel grafico 17, è rappresentato l'Indice dei prezzi alimentari della FAO dal gennaio 2004 al maggio 2011. Le linee tratteggiate verticali corrispondono alle date di inizio delle rivolte causate dal cibo e le proteste associate ai principali disordini in Nord Africa e Medio Oriente. Il bilancio delle vittime complessivo è riportato tra parentesi. L'inserto in alto a sinistra mostra, invece, l'Indice dei prezzi FAO dal 1990 al 2011. È evidente che, in effetti, una certa correlazione tra picchi dei prezzi alimentari e scoppio delle rivolte esiste. Questo modello, secondo i ricercatori del NECSI, offrirebbe anche la possibilità di prevedere futuri disagi sociali mediante l'individuazione di una soglia, al di sopra della quale le rivolte si manifesterebbero. Tale soglia, che evidenzia una zona di pericolo per le rivolte, verrebbe toccata quando l'Indice oltrepassa i 210 punti.[90]

Una forte variabilità dei prezzi contribuisce quindi ad aumentare quelle componenti di rischio e d'incertezza collegate all'effettiva capacità alimentare, andando a incidere non solamente sul potere d'acquisto, ma anche sulla generazione del reddito stesso. Nei

---

[90] GIORDANO Alfonso, L'insostenibile nesso prezzi agricoli, crisi alimentari e migrazioni, sostenibilità alimentare e prezzi agricoli, bollettino della società geografica italiana, Roma, gennaio-marzo 2013, serie XIII - volume VI, fascicolo 1, pag. 85.

contesti rurali infatti, un aumento dei prezzi comporta necessariamente la perdita di potere d'acquisto ed una conseguente riduzione del benessere[91]. Difatti, gli investimenti produttivi diventano maggiormente a rischio per gli agricoltori e coloro che rientrano nella filiera produttiva, soprattutto con attività di piccole dimensioni. Per questi ultimi esiste il reale rischio di una forte dissociazione tra i prezzi effettivamente riscontrabili sul mercato e quelli osservabili al momento della definizione delle strategie di investimento[92].

Visto quanto sopra esposto, risulta evidente che la finanziarizzazione dei prodotti alimentari, insieme all'andamento dei prezzi, è una componente fondamentale che connota profondamente il dibattito sulla vulnerabilità. Quest'ultima, pur rappresentando un concetto intangibile e di difficile misurazione, coglie la volubilità con la quale una famiglia può alternativamente ritrovarsi nel tempo, in seguito a improvvisi aumenti dei prezzi, al di sopra oppure al di sotto della soglia di povertà, aggiungendo di fatto instabilità e imprevedibilità a contesti già per loro natura critici, favorendo talvolta direttamente o indirettamente, squilibri

---

[91] CACCAVALE Oscar Maria, *Prezzi alimentari e ruolo del mercato, crisi alimentari e migrazioni, sostenibilità alimentare e prezzi agricoli*, bollettino della società geografica italiana, Roma, gennaio-marzo 2013, serie XIII - volume VI, fascicolo 1, pag. 42.
[92] FAO, *Price Volatility in Food and Agricultural Markets: Policy Responses*, 2 giugno 2011, Roma, pag. 13, punto 35.

capaci di determinare conflitti e movimenti migratori.

Figura 17 – Correlazione tra l'Indice dei prezzi alimentari della FAO e le rivolte per il cibo, 2004-2012

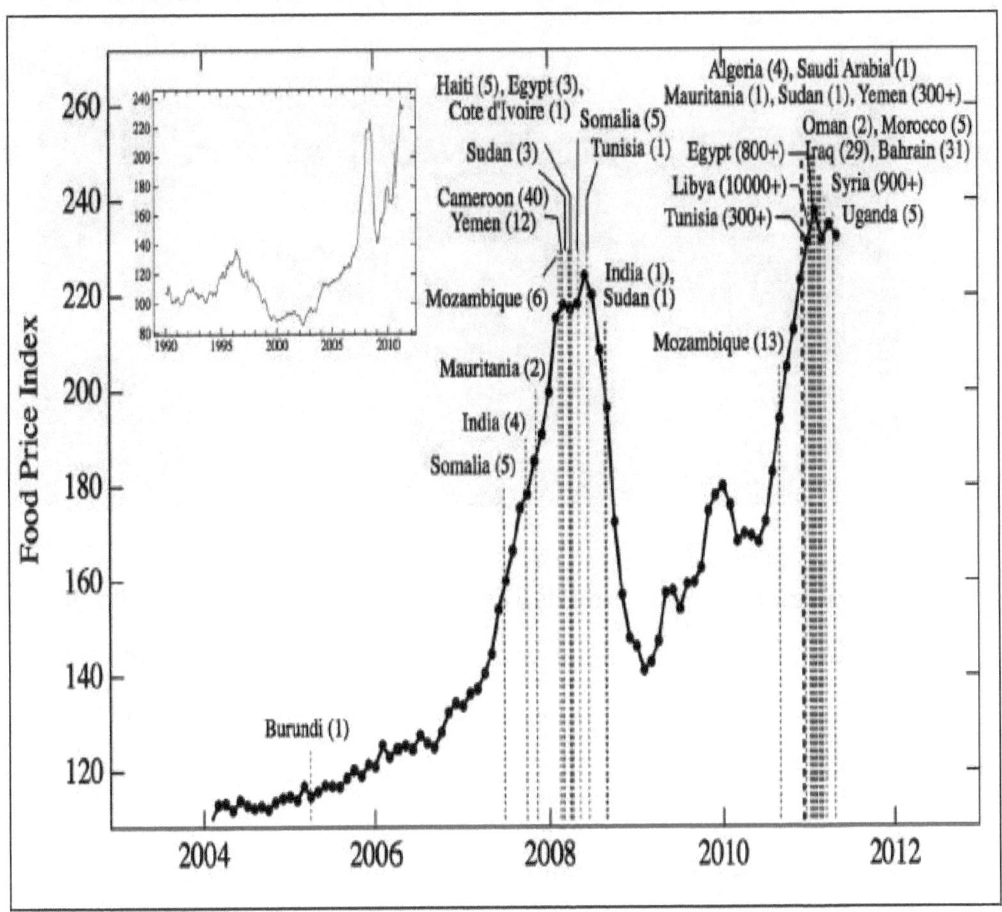


Fonte: L'insostenibile nesso prezzi agricoli, crisi alimentari e migrazioni, sostenibilità alimentare e prezzi agricoli, bollettino della società geografica italiana – 2013

## 4.3  Biocarburanti: da opportunità a problema



*In un paese sottosviluppato non bere l'acqua. In un paese*

*sviluppato non respirare l'aria.*

*- Jonathan Raban -*

La soluzione al problema dell'inquinamento può essere quella di sostituire un prodotto fossile con un prodotto che inquina, ma un po' meno? Così facendo, quanto tempo dovrebbe trascorrere per arrivare ad una vera soluzione?

Produzione di biocarburanti e produzione agricola, sono due fenomeni strettamente collegati, infatti, i biocombustibili sono ottenuti a partire da biomassa derivante da culture alimentari. I più importanti incrementi produttivi hanno riguardato l'etanolo e il biodiesel. L'etanolo è estratto principalmente dalla canna da zucchero, dal granturco e in misura minore, dal frumento, dalla barbabietola da zucchero e dalla yucca. Il biodiesel è invece, ottenuto prevalentemente dall'olio di semi di colza, di palma, di soia e della jatropha. La produzione di combustibili di prima generazione è, pertanto, in forte competizione con la produzione agricola per uso alimentare e per questa ragione è oggetto di crescente attenzione per i suoi controversi effetti sulla sicurezza alimentare[93].

I sostenitori dei biocombustibili ritengono che dalla diffusione di biodiesel e bioetanolo si possano ottenere grandi vantaggi come: maggiore sicurezza energetica per via della minore dipendenza dai Paesi produttori di combustibili fossili, ridotto impatto ambientale ed un più razionale impiego delle terre coltivate. A tal proposito infatti, la Commissione Europea, nell'ambito delle strategie per il rispetto del protocollo di Kyoto, si è impegnata a sostituire il 5% della domanda di combustibili fossili per autotrazione, con biocombustibili. Per ottenere questo risultato ha previsto agevolazioni fiscali e sussidi, ed ha permesso coltivazioni per biocombustibili sul 10% delle terre arabili che la politica agricola

---

[93] SASSI Maria, Biocombustibili e sicurezza alimentare: rischi e possibili soluzioni, Università degli studi di Pavia, marzo 2015.

comunitaria, vieta di usare per raccolti alimentari[94].

Secondo i fautori dei biocombustibili inoltre, è possibile sintetizzare i fattori principali che li rendono migliori del combustibile fossile in sei punti:

- Favorevole bilancio in termini di emissioni di CO2, in quanto il ciclo completo prevede un arricchimento organico del terreno e quindi un accumulo in esso di carbonio;

- Annullamento delle emissioni di biossido di zolfo (SO2), in quanto il biodiesel contiene zolfo solo in tracce;

- Diminuzione dell'emissione di alcuni gas serra nell'atmosfera, quali monossido di carbonio (CO) e ossidi di azoto (NOx), diminuzione delle polveri sottili e del particolato carbonioso;

- Assenza di benzene o altri componenti cancerogeni, quali idrocarburi policiclici aromatici (PAH), componenti estremamente dannosi per l'uomo che determinano effetti citotossici, cancerogeni, mutagenici e respiratori cronici;

- Elevata biodegradabilità, dovuta alla conformazione chimica del biodiesel, costituito da una catena lineare di atomi di carbonio con atomi di ossigeno ad un'estremità, e quindi facilmente attaccabile da parte dei microrganismi. Il biodiesel viene degradato per il 99,6% dopo 21 giorni e, in caso di dispersione accidentale,

---

[94] UNIVERSITÀ DEL SALENTO, Analisi di impatto ambientale della produzione di biocarburanti in aree locali provinciali (attività 8.3), 22 agosto 2008.

non inquina né acque né suolo;

- Assenza di contenuto in metalli nocivi quali cadmio, piombo e vanadio[95].


Quindi i biocombustibili possono essere un'alternativa valida o quantomeno un complemento sostanziale dei combustibili fossili nel medio-lungo periodo? Non c'è dubbio che biodiesel e bioetanolo offrano vantaggi considerevoli per quanto riguarda il minor inquinamento e la minore immissione di sostanze nocive nell'ambiente rispetto ai carburanti fossili, anche la sua natura biodegradabile la rende meno inquinante.

Per valutare appieno i vantaggi ambientali però, è necessario capire quale impatto avrebbe la trasformazione di vaste aree agricole e la conversione di altre zone, come pascoli o foreste, alla produzione di massa vegetale per biocombustibili. Infatti, così come ci sono le preoccupazioni riguardo l'impatto dell'emissione di gas ad effetto serra, ci sono ovvie maggiori preoccupazioni sulla potenziale e crescente distruzione di habitat e biodiversità. Di conseguenza, una gestione poco attenta della produzione, può avere un effetto devastante a livello ambientale. La perdita di biodiversità e l'impatto negativo sul ciclo del carbonio, nonché l'eccessivo

---

[95] UNIVERSITÀ DEL SALENTO, Analisi di impatto ambientale della produzione di biocarburanti in aree locali provinciali (attività 8.3), 22 agosto 2008, pag. 2.

sfruttamento di terre marginali con rischio di desertificazione, potrebbero annullare ogni beneficio ambientale e peggiorare maggiormente la situazione attuale oltre ad influire pesantemente sulla sicurezza alimentare mondiale.

Dal punto di vista tecnico, la sicurezza alimentare è intesa come una situazione in cui ogni individuo dispone in ogni momento dell'accesso, dal punto di vista economico e fisico, ad alimenti sufficienti, adeguati e sicuri a soddisfare il fabbisogno nutrizionale necessario per condurre una vita attiva e sana.[96] Tale concetto poggia sui fondamentali pilastri della disponibilità di cibo e accesso ad esso, entrambi in maniera stabile, e del suo utilizzo. Per disponibilità di alimenti, si intende la garanzia nel tempo e nello spazio di sufficienti quantitativi di cibo di buona qualità e di origine sicura, attraverso la produzione interna, derivante dal settore agricolo o mediante le importazioni, includendo in questo secondo caso sia le importazioni commerciali sia l'aiuto alimentare.

La produzione di biomassa per usi energetici può determinare effetti negativi sullo status nutrizionale a livello di famiglia e di individuo, i cui principali fattori di origine sono: (figura 18) la

---

[96] FAO, Rome Declaration on World Food Security, World Food Summit, Roma 1996.

disponibilità alimentare, il reddito, i prezzi alimentari e risorse a disposizione delle famiglie (naturali, umane, finanziarie e sociali). La disponibilità di cibo può essere quindi minacciata dallo spostamento delle risorse dalla produzione alimentare a quella agricola per fini energetici, e l'accesso al cibo può essere limitato dall'aumento dei prezzi degli alimenti, nonché dalla conseguente riduzione del potere di acquisto delle famiglie, legati alla contrazione della produzione alimentare.

FIgura 18 – Determinanti della sicurezza alimentare

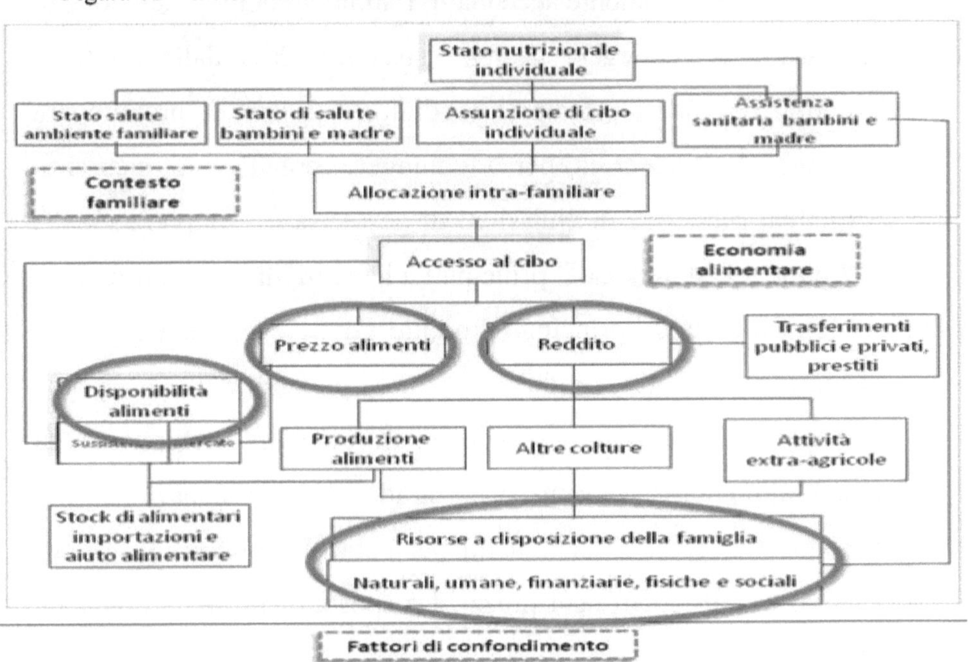


Fonte: SASSI Maria, Short-term determinants of malnutrition among children in Malawi, Food Security, 2012.

Tra il 2000 e il 2011 la produzione mondiale giornaliera di etanolo e biodiesel, espressa in termini di barili, è più che sestuplicata. Al 2011 i principali produttori erano gli Stati Uniti con il 51,2% della produzione mondiale giornaliera di barili di etanolo e biodiesel, seguiti da Brasile (23%) ed Europa (13,2%). Va sottolineata la posizione di Argentina e Cina che più recentemente hanno fatto il loro ingresso sul mercato dei biocombustibili raggiungendo nel giro di pochi anni una quota di circa il 2,4% ciascuna.

Come precedentemente accennato, l'aumento della produzione di biomassa è da collegare al forte sostegno dato dalle politiche introdotte dai Paesi principali produttori, al fine di promuovere l'impiego di bioenergia per raggiungere obiettivi di sicurezza energetica, riduzione di emissioni di gas serra e sviluppo rurale[97]. La figura 19 sintetizza i principali elementi di tali politiche in relazione ai tre Paesi principali produttori di biodiesel ed etanolo.

L'aumento della produzione di biocarburanti di prima generazione (carburanti che sono stati ottenuti direttamente da colture alimentari), è stato così rapido da non consentire alle economie i necessari adattamenti per controbilanciarne gli effetti negativi, in particolare, sui prezzi. Lo spostamento della domanda

---

[97] FAO, Bioenergy and Food Security. The Befs Analytical Framework, Roma 2010.

di materie prime agricole dagli usi alimentari a quelli energetici è pertanto considerato come uno dei fattori che ha contribuito all'aumento dei prezzi degli alimenti sui mercati internazionali.

FIgura 19 – Politiche per i biocombustibili introdotte dai maggiori produttori

| | Obiettivo | Incentivo alla produzione | Politica commerciale |
|---|---|---|---|
| **Stati Uniti** | Obiettivo vincolante: 36 miliardi di galloni di biocombustibili al 2022 di cui 15 miliardi da fonti convenzionali | Credito di imposta di 0,45 dollari per gallone per l'etanolo per miscelatura e 1 dollaro per gallone per il biodiesel per miscelatura entrambi da colture agricole | Etanolo: tariffa di 0,54 dollari per gallone e un *duty ad valorem* pari al 2,5 percento. Biodiesel: dazio ad valorem pari al 1,9 percento. |
| **Unione Europea** | Obiettivo vincolante del 10 percento minimo di combustibile per trasporti da combustibili rinnovabili al 2020. | Gli stati membri possono applicare una riduzione delle tasse e fornire incentivi alla produzione | Tariffa specifica di 0,192 € / litro di etanolo *under-natured* e 0,102 € / litro di etanolo denaturato. Dazio *ad valorem* del 6,5% sul biodiesel. |
| **Brasile** | Obiettivo vincolante per la miscelazione di etanolo del 20–25%. Obiettivo vincolante di uso di biodiesel del 5% (B5) a partire dal 2010 (proposta di incremento al 10% entro il 2020). | Incentivi fiscali per etanolo e biodiesel. Incentivi fiscali per i veicoli poli-carburante ad etanolo. | Dazio *ad valorem* del 20% sull'etanolo importato da aree extra-Mercosur. Dazio *ad valorem* del 14% per il biodiesel. |

Fonte: DIOP Demba, Assessing the impact of biofuels production on developing countries from the point of view of Policy Coherence for Development, febbraio 2013.

I recenti studi scientifici che hanno stimato tale impatto, concordano sull'aumento dei prezzi alimentari, ma offrono un quadro piuttosto differenziato in termini di entità dell'impatto, che varia tra il 3,4% a oltre il 60%.

I progetti di espansione delle colture da biocombustibili, sostengo le acquisizioni di terra su larga scala, quindi questo fenomeno diviene strettamente correlato a quello del *land grabbin*. In Mozambico, Ghana, Kenya e Zambia,  a dimostrarlo, sono alcune comunità che hanno già perso il loro accesso alla terra a seguito del *land grabbing* per la produzione di jatropha (che produce biodiesel) su larga scala[98].

Su tale questione, alcune teorie pongono in evidenza i benefici che questa nuova forma di investimenti, può fornire ai Paesi in via di sviluppo in termini di generazione di occupazione, reddito e di trasferimento di capitale e tecnologia, ma diversi studi evidenziano però il forte rischio che gli agricoltori poveri restino esclusi da tali benefici, e al contrario soffrano della conseguente espropriazione delle terre e concentrazione delle risorse a favore delle aziende di grandi dimensioni. Inoltre, laddove la produzione di biomassa a fini energetici è realizzata con tecnologie a risparmio di lavoro (come la canna da zucchero) l'impatto sul reddito, e perciò sull'accesso al cibo, sarà negativo. In particolare le più colpite saranno le famiglie

---

[98] MAKUTSA Pauline, Land grab in Kenya: Implications for smallholder farmers, Eastern Africa Farmers Federation, Nairobi 2010.

rurali senza terra che sono acquirenti nette di cibo e energia[99].

Ad analisi fatte, appare piuttosto evidente che l'uso di cibo e di terre coltivabili per produrre energia, anche se in maniera meno inquinante rispetto ai carburati fossili, vada a discapito ancora una volta dei Paesi in via di sviluppo. Dove i prezzi alimentari salgono e la disponibilità alimentare scarseggia, le famiglie dei Paesi economicamente più svantaggiati ne pagano le conseguenze, aumentando di conseguenza le condizioni che portano a conflitti ed al bisogno di emigrare.

E' sicuramente possibile e necessario soddisfare il bisogno energetico planetario in modo alternativo alla coltura di biocombustibili, ma appare particolarmente interessante, la possibilità di inserire questa tecnologia all'interno del ciclo agricolo alimentare senza competere con esso, ma anzi creando una sinergia con quest'ultimo, infatti:

- La possibilità di utilizzare come materia prima anche gli oli usati di frittura, consente di sottrarre ai rifiuti 500.000 t/anno di materiali per la cui depurazione si spendono 1.500.000 kWh/anno;

- Il riutilizzo previsto dei residui organici della raffinazione degli oli usati ed i fanghi del processo industriale, insieme a rifiuti

---

[99] FAAIJ Andrè, Bioenergy and global food security, Wissenschaftlicher Beirat der Bundesregierung Globale Umweltveränderungen, Berlin 2008.

organici urbani per la produzione di composti di qualità, consente di invertire il processo di desertificazione causato dall'agricoltura intensiva e di conseguire un aumento della produzione di biomassa, sia energetica che alimentare;

- L'aumento del contenuto organico dei terreni e la loro copertura con vegetazione per un periodo più lungo dell'anno, consente un suo arricchimento biologico e un conseguente risparmio di acqua per l'irrigazione;

- La sottrazione di massa organica al ciclo dei rifiuti, evita che questa venga incenerita emettendo $CO_2$ e consente un beneficio energetico ben più significativo attraverso la produzione del biodiesel;

- E' stato stimato che se si dedicasse a tale ciclo il 10% del territorio italiano si avrebbe una riduzione delle emissioni di $CO_2$ di 54Mt/anno, pari ad oltre il 50% degli obiettivi complessivi italiani.

Per evitare però che gli svantaggi siano maggiori dei benefici, in questo tipo di produzione andrebbero evitate la coltivazione intensiva con eccessivo utilizzo di diserbanti e fitofarmaci[100].

---

[100] UNIVERSITÀ DEL SALENTO, Analisi di impatto ambientale della produzione di biocarburanti in aree locali provinciali (attività 8.3), 22 agosto 2008, pag. 3.

CAPITOLO V

DATI AMBIENTALI

## 5.1  Ambiente e punto di non ritorno

*Gli uomini discutono. La natura agisce.*

*- Voltaire -*

I recenti studi sull'epigenetica affermano che non esiste malattia non indotta dall'inquinamento ambientale. Il problema non sembra preoccupare più di tanto, infatti si pensa sempre che prima dell'armageddon non saremmo più in vita. Ma il punto di non ritorno forse è più vicino di quello che sembra, e potrebbe coinvolgere la nostra generazione, sicuramente le generazioni future.

D'altronde, essere umani, non significa forse aiutarci l'un l'altro pur sapendo che inevitabilmente, tutti moriremo?


Quattro miliardi di tonnellate di rifiuti prodotti ogni anno, 1,2 miliardi e mezzo di veicoli circolanti nel pianeta, 27 miliardi di tonnellate di CO2 l'anno prodotte da attività umane; barriere coralline distrutte, specie animali in via di estinzione; 400 parti per milione di CO2 in atmosfera, livello mai raggiunto nella storia del genere umano. Se il pianeta continuerà a surriscaldarsi al ritmo attuale, alla fine del XXI secolo la temperatura si sarà alzata di 4°C, con alluvioni catastrofiche, siccità, isole perse per sempre, ghiacciai sciolti e immani migrazioni. Gli scienziati lo dicono da tempo, "Before the flood" il documentario di Leonardo Di Caprio lo ripete: al punto di non ritorno siamo quasi arrivati.

Secondo ben tre studi scientifici sul riscaldamento globale, pubblicati sulla prestigiosa rivista americana *Nature*, il pianeta Terra avrebbe solo il 5% delle probabilità di invertire l'attuale tendenza. Secondo quanto pubblicato dagli studiosi, anche se smettessimo immediatamente di inquinare l'ecosistema, comunque la temperatura del pianeta salirebbe di 1,3°C. Addirittura, c'è chi asserisce che non avremmo neanche quel misero 5% di probabilità, in quanto il punto di non ritorno sarebbe già stato raggiunto e superato. Di fatto, almeno per quanto riguarda la calotta glaciale dell'Antartico Ovest, l'arretramento dei ghiacci è già arrivato ad un punto irreversibile[101].

Ad essere precisi, il 5% si riferisce alla probabilità di limitare l'incremento della temperatura terrestre ai 2°C. Secondo i calcoli effettuati dai tre team di studiosi dell'Università di Washington, composti da statistici, economisti ed esperti dall'atmosfera, le probabilità di poter centrare gli ambiziosi obiettivi concordati con gli Accordi di Parigi del 2015 sarebbero ancora minori.

Gli esperti parlano infatti di una probabilità non superiore all'1% per quanto riguarda l'obiettivo di limitare l'incremento della temperatura globale di 1,5 gradi entro il 2100. È più probabile che la temperatura della Terra subisca un incremento di circa 3°C nel periodo considerato, con conseguenze impreviste e imprevedibili sull'ecosistema.

Eppure non è raro imbattersi in interviste o articoli di teorie secondo il quale il cambiamento climatico non sia fenomeno da attribuire all'opera umana, bensì un naturale evolversi della sembianza terrestre. In effetti, i cambiamenti climatici si sono

---

[101] GILLIS Justin, Scientists Warn of Rising Oceans From Polar Melt, The New York Times, 14 maggio 2014.

sempre succeduti anche per motivi naturali, ma il fatto che il pianeta non sia mai stato così caldo negli ultimi mille anni la dice lunga. Secondo un studio condotto dall'Università delle Hawaii in Manoa, e pubblicato sulla rivista scientifica *Nature Geoscience* nel 2016, la velocità con cui stiamo rilasciando carbonio nell'atmosfera rappresenta un record da quando si estinsero i dinosauri 66 milioni di anni fa. L'attuale tasso di emissioni di biossido di carbonio è infatti dieci volte superiore a quello del massimo termico della transizione tra Paleocene ed Eocene (PETM), un caldo periodo preistorico considerato il precedente evento di riscaldamento globale[102].

Gli scienziati della NASA, tengono monitorata la temperatura globale grazie al *Goddard Institute for Space Studies* (G.I.S.S.), che si occupa di analizzare le temperature di oltre 6 mila località sparse per il globo. Anche se i dati hanno un minimo di incertezza sperimentale, si può affermare con certezza che il riscaldamento maggiore si è verificato negli ultimi 35 anni, e dal 2001 al 2016 sono stati registrati 16 dei 17 anni più caldi degli ultimi secoli[103].

A non lasciare dubbi sulla responsabilità umana riguardo al

---

[102] LAVELLE Marianne, Riscaldamento globale: mai così rapido da 66 milioni di anni, National Geographic Italia, 23 marzo 2016.
[103] DOTTI Gianluca, Oltre un secolo di riscaldamento globale in un'animazione della Nasa, wired.it, 23 gennaio 2017.

cambiamento climatico terrestre, è compito dell'ultimo rapporto scientifico americano, redatto da scienziati che appartengono a 13 agenzie federali. Il dossier fa parte del *National Climate Assessment* richiesto dal congresso ogni quattro anni, e "fornisce le prove del cambiamento climatico dall'alto dell'atmosfera alla profondità degli oceani" secondo il New York Times. Lo studio viene concluso proprio a pochi mesi dopo l'annuncio del presidente degli Stati Uniti, Donald Trump, con il quale dichiarava al mondo, di non essere intenzionato a rispettare i termini dell'accordo di Parigi, il più importante trattato degli ultimi anni per contrastare il riscaldamento globale.

Molti elementi dimostrano senza alcun dubbio che l'influenza umana sia stata la causa principale del riscaldamento osservato dalla metà del XX secolo. I cambiamenti avvenuti da attività solare ed attività naturali possono solo contribuire marginalmente ai cambiamenti osservati nel clima nel secolo scorso. Il possibile apporto umano all'aumento della temperatura media globale oltre il periodo 1951-2010 (figura 20) è compreso tra 0,6°C e 0,8°C. Questo si traduce in un contributo umano che va dal 92% al 123%

del cambiamento osservato[104] (figura 21).

Figura 20 – Global land and ocean temperature anomalies

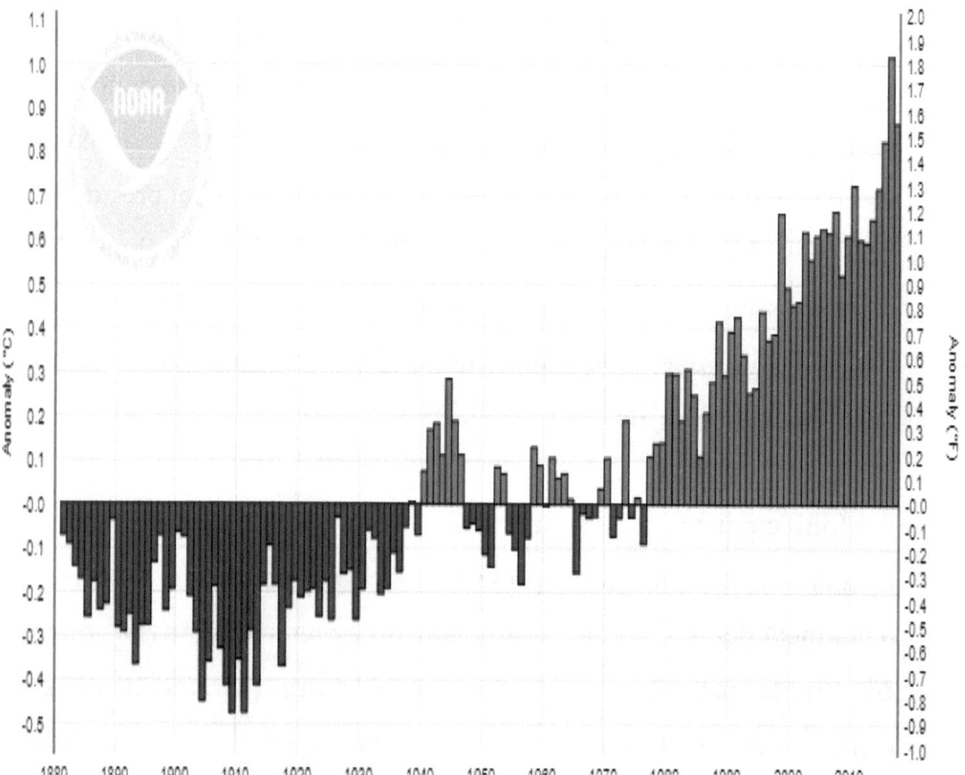

Fonte: U.S. global change research program - climate science special report
(CSSR), giugno 2017.

---

[104] U.S. GLOBAL CHANGE RESEARCH PROGRAM, Climate
science special report, Fourth National Climate Assessment Volume I,
giugno 2017, pag. 13.

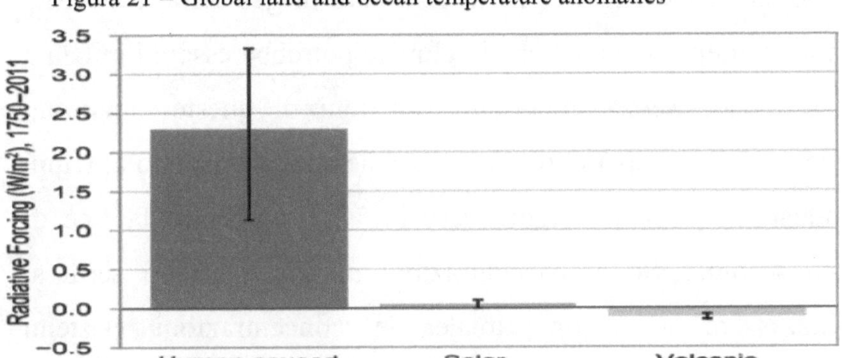



Fonte: U.S. global change research program - climate science special report (CSSR), giugno 2017.

Variabilità naturali, inclusi eventi come l'uragano "El Niño" ed altri schemi ricorrenti di interazioni atmosferiche ed oceaniche, temperatura di impatto e precipitazioni su scale temporali annuali, sono responsabili di piccole frazioni di influenza climatica globale[105].

Secondo il report dell'U.S. Global Research Program, si prevede che il clima globale continuerà a cambiare oltre questo secolo. L'impatto dei cambiamenti climatici nei prossimi decenni, dipenderà principalmente dalla quantità di gas serra emessi a livello globale, e dalla sensibilità del clima terrestre a quelle emissioni.

---

[105] U.S. GLOBAL CHANGE RESEARCH PROGRAM, Climate science special report, Fourth National Climate Assessment Volume I, giugno 2017, pag. 14.

Con riduzioni significative nelle emissioni di gas serra, l'aumento della temperatura media annuale globale potrebbe essere limitata a 2°C o meno. Senza importanti riduzioni di queste emissioni, l'aumento nelle temperature globali medie annuali rispetto ai tempi preindustriali potrebbe raggiungere i 5°C o più entro la fine di questo secolo. Se le concentrazioni di gas a effetto serra si stabilizzassero a livello attuale, le concentrazioni esistenti farebbero in modo da aumentare ulteriormente le temperature di almeno 0,6°C nel corso di questo secolo (figura 22).

Figura 22 – Greater Emissions Lead to Significantly More Warming

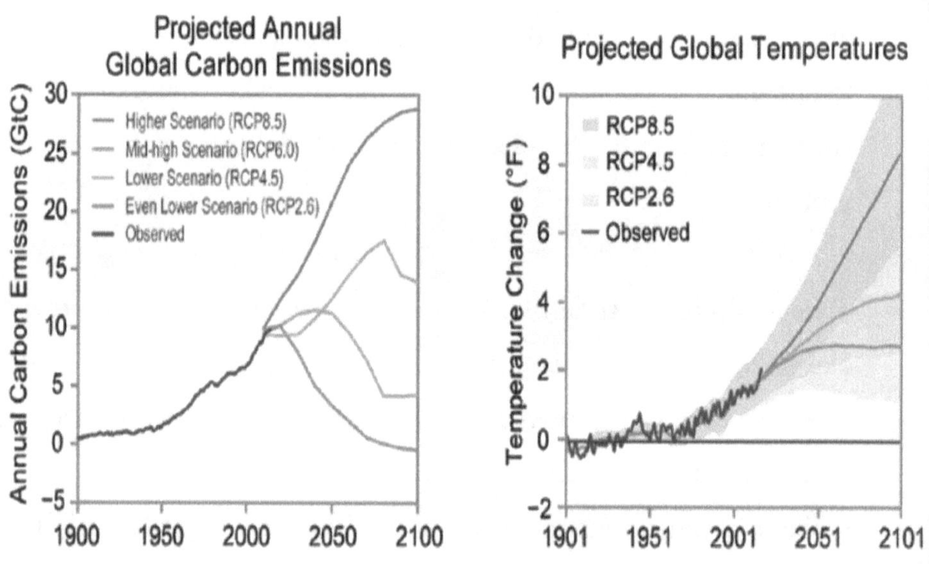


Fonte: U.S. global change research program - climate science special report (CSSR), giugno 2017.

Quello che possiamo auspicarci, per quanto sia inverosimile, è che le stime degli scienziati siano errate, come accaduto lo scorso ottobre, quando fu pubblicato un articolo sulla rivista *Nature Geoscience* da un gruppo di scienziati ex "allarmisti", nel quale si ammise incredibilmente che i modelli informatici da loro stessi progettati, sovrastimarono l'impatto dell'anidride carbonica sul clima e che il ritmo del riscaldamento del pianeta quindi risultava essere più lento di quello previsto[106].

---

[106]  MILLAR Richard e altri, Emission budgets and pathways consistent with limiting warming to 1.5 °C, Nature Geoscience, 18 settembre 2017.

## 5.2  Sesta estinzione di massa, la prima per mano dell'uomo



*C'è soltanto una guerra che può permettersi il genere umano:*

*la guerra contro la propria estinzione.*

*- Isaac Asimov -*

Senza ombra di dubbio, un cambiamento della temperatura così percepibile ed un tale spostamento di masse umane non ha precedenti. Stiamo davvero affrontando la più grande "guerra" per l'umanità e non ce ne accorgiamo?

L'essere umano è troppo giovane per aver assistito ad una delle "transizioni biotiche" (altrimenti conosciute come estinzioni di massa), ma il nostro pianeta è ormai superstite di ben cinque periodi geologici durante il quale vi è un massiccio sovvertimento dell'ecosistema terrestre, con scomparsa della maggior parte delle specie viventi.

L'ultima transazione biotica, avvenuta circa 65 milioni di anni fa, fu responsabile dell'estinzione del 75% degli esseri viventi: nel 1980 il premio Nobel per la fisica Luis Álvarez, misurò in alcuni livelli geologici risalenti al Cretaceo-Terziario, la presenza di una concentrazione insolita di iridio (un elemento chimico piuttosto raro sulla terra, ma comune nelle meteoriti), si avanzò pertanto l'ipotesi che l'estinzione di massa fosse stata provocata dall'urto con un asteroide.

Precedente a quest'ultimo accadimento catastrofico, vi fu l'estinzione di massa avvenuta al termine del Triassico, circa 200 milioni di anni fa. Questo evento è per noi più significativo, in quanto pare che il cataclisma che si abbatté sul pianeta, e responsabile dell'estinzione di circa il 76% degli esseri viventi terrestri, si verificò in successione ad un aumento della temperatura di 5°C. Le cause di un tale aumento delle temperature sono ancora poco chiare, ma è possibile attribuire l'estinzione di gran parte degli esseri viventi allora presenti sul pianeta, alla considerevole aridità delle terre emerse, continue variazioni del livello dei mari, a una diffusa anossia[107]dei fondali marini, ma soprattutto per via del

---

[107] Si definisce con il termine anossia la diminuzione o totale mancanza di ossigeno molecolare o ossigeno biatomico O2 a livello cellulare.

rilascio di grandi quantità di metano dal fondo oceanico nell'atmosfera. Singolare è l'ipotesi avanzata per giustificare il successivo raffreddamento della crosta terrestre: secondo lo studio condotto dall'antropologo Anthony Cohen e colleghi della Open University di Milton Keynes, nel corso dei successivi 150 mila anni, il riscaldamento globale del pianeta avrebbe provocato un aumento dell'erosione delle rocce sulla superficie terrestre di almeno un 400%, causando reazioni chimiche che consumarono il biossido di carbonio in eccesso ponendo fine al riscaldamento globale[108].

Potrebbe riverificarsi un evento tanto nefasto? Potrebbe essere rilasciata una tale quantità di metano nell'atmosfera?

Alla prima domanda non possiamo ancora rispondere, ma alla seconda senz'altro si: il metano è un gas serra presente nell'atmosfera terrestre in concentrazioni molto inferiori a quelle della CO2 ma con un potenziale di riscaldamento globale ben 21 volte superiore[109].

Questo gas è stipato in grandissime quantità all'interno del "permafrost", anche chiamato permagelo: un terreno tipico delle regioni dell'estremo nord Europa, della Siberia e dell'America

---

[108] LE SCIENZE, ipotesi glaciazione, 9 febbraio 2004.
[109] UNITED NATIONS CLIMATE CHANGE, Global Warming Potentials, United Nations Framework Convention on Climate Change 2019.

settentrionale dove il suolo è perennemente ghiacciato. Sia nelle regioni permafrost che nei fondali oceanici e lagunari inoltre, grossi idrati gassosi di metano[110] potrebbero collassare e sprigionare per via dell'aumento della temperatura (come nell'ipotesi dell'estinzione del Triassico) enormi quantità di metano nell'ambiente. Una ricerca del Permafrost Laboratory dell'Università dell'Alaska ha registrato ritmi di scioglimento delle terre ghiacciate fino al 240% più rapidi di quanto avveniva 40 anni fa. Lo studio, pubblicato sulla rivista *Geophysical Research Letters*, si concentra su una fascia di permafrost artico nel nord del Canada: secondo i ricercatori, le estati anomale registrate tra il 2003 e il 2016 avrebbero innescato meccanismi di scioglimento non previsti. In pochi anni infatti, lo strato ghiacciato si sarebbe sciolto a un ritmo tra il 150% e il 240% più veloce rispetto ai 21 anni compresi tra il 1979 ed il 2000.[111]

In sostanza il fenomeno è accelerato dalla mancanza di ghiaccio che a "protezione" delle riserve gassose, riflette i raggi solari. Con lo sciogliersi dei ghiacciai, si innesca un ciclo per cui più ghiaccio

---

[110] Classi di solidi della chimica supramolecolare in cui le molecole di gas occupano "gabbie" composte da molecole d'acqua unite da legami idrogeno

[111] RINNOVABILI.IT, Canada: il permafrost artico si sta sciogliendo con 70 anni d'anticipo, articolo 18 giugno 2019.

viene sciolto, più calore viene immagazzinato, e più gas serra viene rilasciato.

Come se non bastasse, ancor più pericoloso e dannoso del metano, in qualità di gas serra, vi è il protossido di azoto, anche chiamato ossido di diazoto: uno studio della Harvard University ha scoperto che le emissioni di questo gas serra sono 20 volte superiori alle previsioni. L'ossido di diazoto è un gas difficile da intercettare con gli strumenti con cui vengono registrate tradizionalmente le emissioni di gas serra, eppure è capace di trattenere il calore terrestre fino a 300 volte in più dell'anidride carbonica.

Dato quanto riprodotto, un'estinzione di massa, la prima per mano dell'uomo, non sembra poi idea così remota, anzi. Se una di queste riserve di metano o di ossido di diazoto verrebbero rilasciate nell'atmosfera, si andrebbe ad innescare un ciclo per cui energia, sotto forma di calore, genererebbe ancora più energia, che inevitabilmente andrebbe a sfociare in terremoti, eruzioni vulcaniche, tempeste, inondazioni.

Il cambiamento climatico è percepibile anno dopo anno: in Italia per esempio già nel corso dell'anno 2019, si è potuto notare come il clima sia mutato, tendente a quello tropicale. Si sono raggiunti infatti picchi di caldo di 45°C, piogge torrenziali, grandine e tifoni paragonabili a quelli della Florida. Secondo i dati raccolti dall'European Severe Weather Database (E.s.w.d.) in Italia si è passati dai 362 fenomeni atmosferici violenti del 2010 ai 1.042 nel 2018, quasi il 170% in più in soli 8 anni.

Sempre in Italia inoltre tra il 2018 e il 2019 si sono registrate più morti che in qualsiasi altro Paese europeo per via della febbre del Nilo. La zanzara portatrice della malattia ha praticamente trovato il suo *habitat* ideale, caldo ed umido, nelle zona del sud Europa. Non si esclude pertanto che tali condizioni climatiche possano favorire la propagazione di malattie e parassiti provenienti dall'Asia e dal continente africano come la malaria, dengue, zika o febbre gialla.

Il cambiamento climatico è chiaramente accelerato, i mutamenti aumentano in maniera esponenziale mese dopo mese. Fra soli 5 anni potremmo raggiungere temperature mai registrate prima, e i violenti fenomeni atmosferici potrebbero moltiplicarsi all'inverosimile. Il fenomeno non è solo questione delle prossime generazioni, allora perché non è la nostra priorità? E' alla base delle scelte politiche dei nostri Governi? Cosa si sta facendo per invertire la rotta?

## 5.3  Conferenza Delle Parti della UNFCCC

*La vera ricchezza di una nazione non è nel suo oro e argento, ma*
*nel sapere, nella saggezza e nella rettitudine dei suoi figli.*

*- Khalil Gibran -*

La politica ci salverà? È sicuramente ciò che auspichiamo ma, la politica si interessa del popolo se il popolo non si interessa della politica?

La Convenzione quadro delle Nazioni Unite sui cambiamenti climatici (UNFCCC o FCCC), nota anche come Accordi di Rio, è un trattato ambientale internazionale prodotto dalla Conferenza sull'Ambiente e sullo Sviluppo delle Nazioni Unite (UNCED), informalmente conosciuta come Summit della Terra, tenutasi a Rio de Janeiro nel 1992. Il trattato punta alla riduzione delle emissioni dei gas serra, sulla base dell'ipotesi di riscaldamento globale.

Come originariamente stipulato, il trattato, non poneva limiti obbligatori per le emissioni di gas serra alle singole nazioni, e poteva dunque definirsi, sotto questo profilo, legalmente non vincolante. Esso però includeva la possibilità che le parti firmatarie adottassero, in apposite conferenze, atti ulteriori (protocolli) che avrebbero posto i limiti obbligatori di emissioni. Il principale di questi, adottato nell'anno 1997, è il protocollo di Kyōto, diventato molto più noto che la stessa UNFCCC.

La Conferenza di Rio sui cambiamenti climatici (COP21 o CMP11) si è tenuta a Parigi, dal 30 novembre al 12 dicembre del 2015. È stata la 21ª sessione annuale della conferenza delle parti della Convenzione quadro delle Nazioni Unite sui cambiamenti climatici del 1992 e la 11ª sessione della riunione delle parti del protocollo di Kyoto del 1997.

Successivamente alla COP21, dal 7 al 18 novembre 2016, si è disputata a Marrakech, in Marocco, la 22ª sessione annuale della Conferenza Delle Parti della UNFCCC (COP22). In questa occasione, la conferenza ha fissato le procedure e il piano di lavoro per definire concreti provvedimenti. Il regolamento da approvare entro il 2018 avrebbe dovuto stabilire in quale modo i Paesi avrebbero dovuto monitorare i loro impegni per il taglio dei gas serra (Nationally Determined Contributions), presi a Parigi l'anno precedente. Impegni definiti insufficienti per raggiungere l'obiettivo dei 2°C dall'Agenzia dell'Onu per l'ambiente (UNEP). Il testo finale ha anche richiesto agli Stati ricchi, di continuare a lavorare per istituire entro il 2020 il "Green Climate Fund", deciso a Parigi con una previsione di 100 miliardi di dollari all'anno per aiutare i Paesi in via di sviluppo nella lotta al riscaldamento globale[112].

La sessione della Conferenza Delle Parti (COP23) tenutasi a Bonn, Germania, dal 6 al 17 novembre 2017, è stata criticata da tanti come "inconsistente" o quantomeno "transitoria", sicuramente meno partecipata del solito, in cui forse la cosa più importante è stata la preparazione all'appuntamento cruciale dell'anno 2018. Infatti quando a Parigi, sulla spinta dei movimenti ambientalisti, si aggiunse in extremis, la clausola per la quale le linee guida per aggiornare gli impegni nazionali, sarebbero state discusse dal 2018. Quel che si pensa è che era già chiaro nel congresso del 2015 che gli impegni con cui tutti i Paesi si erano presentati a Parigi, non erano affatto sufficienti ad evitare che la temperatura globale non salisse oltre i 2°C, anzi si mantenesse al di sotto di 1,5°C come auspicato dagli scienziati dell'IPCC (Intergovernmental Panel on

---

[112] UNITED NATIONS, Conference of the Parties, Parigi, 12 dicembre 2015.

Climate Change).

Il cosiddetto Accordo di Parigi, in sintesi, impegna i Paesi firmatari a contenere il riscaldamento globale entro 2°C dai livelli preindustriali, e se possibile entro 1,5°C. I governi dovranno stabilire ed attuare obiettivi di riduzione dei gas serra prodotti dalle attività umane (anidride carbonica in primo luogo, ma anche metano e refrigeranti Hfc). Saranno previste verifiche quinquennali degli impegni presi a partire dal 2023 e i Paesi più ricchi dovranno aiutare finanziariamente quelli più poveri con il fondo per il clima (Green Climate Fund) da 100 miliardi di dollari, da istituire entro il 2020 (L'Italia ha stabilito di contribuire con 50 milioni di euro all'anno). La novità politica dell'Accordo di Parigi è stata l'adesione dei maggiori produttori di gas serra: Stati Uniti e Cina, che in passato avevano rifiutato di aderire al protocollo di Kyoto per non ostacolare la loro crescita economica[113].

Nell'intento di mantenere il riscaldamento globale entro i 2°C rispetto ai livelli preindustriali (giova precisare che ad oggi si è già raggiunto +1°C rispetto al 1990), molti Paesi hanno presentato i cosiddetti "contributi nazionali volontari", l'Unione Europea ha

---

[113] ANSA, I punti principali dell'accordo di Parigi sul clima, Roma, giugno 2017.

dichiarato che entro il 2030 ridurrà le proprie emissioni di anidride carbonica del 40% e entro il 2050 si impegnerà a ridurle del 80%-90% rispetto all'anno 1990. Tale diminuzione verrà attuata tramite un nuovo sistema energetico basato sulle fonti rinnovabili, una forte attenzione all'efficienza energetica nonché sostenendo, come detto, economicamente i Paesi in via di sviluppo. Attualmente infatti, quasi l'intero programma energetico mondiale è ancora basato su fonti energetiche fossili, sistema tra l'altro poco efficiente, e che disperde la maggior parte dell'energia sotto forma di calore.

Le sessioni della Conferenza Delle Parti di Marrakech e di Bonn però, come anche la stessa COP di Parigi, non hanno dettato dei veri e propri criteri concreti di attuazione, mancando obiettivi in merito alle emissioni dei trasporti internazionali per via area e marittima, che erano invece parte del testo della Conferenza Delle Parti di Copenhagen (COP15). I 100 miliardi l'anno, a partire dal 2020, sono un punto di partenza, ed ulteriori fondi, dovranno essere stanziati in una misura che sarà decisa nel 2025[114]; tuttavia, mancano dettagli sulle effettive dimensioni di questi singoli finanziamenti, su quando e su come saranno forniti, mentre è noto che non saranno interamente donazioni a fondo perduto, ma

---

[114] UNITED NATIONS, Conference of the Parties, Parigi, 12 dicembre 2015, punto 9.2.

saranno prestiti a titolo oneroso.

Importante inoltre sottolineare che quello di Parigi è da ritenersi un "accordo", espresso per iscritto fra più Paesi, e non vi sarà quindi alcuna implicazione diretta rispetto al grado di vincolo degli elementi al suo interno. Cina, India e altre economie emergenti, in occasione della conferenza a Bonn, hanno chiarito che non accetteranno imposizioni, e che nessuno di questi Paesi dovrà essere costretto ad aumentare i propri contributi all'applicazione degli accordi di Parigi: un maggiore impegno dovrà comunque restare volontario.

Ma il colpo più grande all'accordo arriva proprio dagli Stati Uniti, Paese che rifiutò di sottoscrivere nel 1997 il Protocollo di Kyoto ma che con grande pressione da parte dell'amministrazione dell'allora presidente Barack Obama, siglò l'accordo frutto del COP21. Nel 2017, dopo la sottoscrizione dell'accordo da parte di Siria e Nicaragua, ed avendo quindi una partecipazione mondiale, gli Stati Uniti fanno sapere di non essere più intenzionati a rispettare l'accordo, ritenuto da parte dell'amministrazione Trump, sconveniente per l'economia americana.

Ciò che maggiormente spicca dalla Convenzione quadro delle Nazioni Unite sui cambiamenti climatici, è che vi sia troppo poco spazio a questioni importanti come lo sfruttamento dei terreni ed il disboscamento, argomenti questi di inestimabile importanza se si vuole ridurre la concentrazione di gas serra nell'ambiente, messi anzi in maggiore rilievo dalle decisioni degli Stati di prediligere biocarburanti che, come precedentemente sottolineato, apportano più svantaggi che benefici alle terre.

Inoltre non sono mai trattati argomenti riguardanti l'alimentazione, che come è stato dimostrato è forse uno dei punti cardine delle emissioni di CO2 e gas serra. Direttive per favorire la riduzione di consumo di prodotti carnei e caseari per esempio (responsabili del 14,5% delle emissioni), potrebbero abbassare drasticamente i livelli di carbonio nell'atmosfera, diminuire il disboscamento (il 70% delle terre deforestate dell'Amazzonia è stato trasformato in pascoli bovini e la produzione di mangime occupa gran parte del restante 30%) e l'inaridimento dei terreni, sfruttando l'energia in modo più efficiente.

Finalmente nel dicembre 2018 a Katowice in Polonia si è tenuta la tanto attesa COP24: i quasi 200 Paesi che avevano firmato l'accordo di Parigi nel 2015 hanno raggiunto un patto su come mettere in pratica quanto stabilito in Francia tre anni prima. Un accordo raggiunto a fatica, dopo oltre due settimane che hanno visto diversi momenti di stallo. La Cina è tra i più importanti firmatari dell'accordo di Parigi e di Katowice e anche gli Usa, benché Trump abbia annunciato il ritiro dagli accordi di Parigi, sono ancora formalmente firmatari almeno fino al 2020. Alla fine dei negoziati, si è concordato sul fatto che il 2020 sarà l'anno in cui i Paesi presenteranno piani climatici più rigidi. E' stato poi firmato un "Rulebook", ovvero un regolamento che rende operativo l'accordo di Parigi, che indica l'obiettivo di contenere entro fine secolo l'aumento medio della temperatura globale nei 2 gradi rispetto ai livelli preindustriali, e permette a tutti i Paesi di mettersi in condizione di parità per contenere il *global warming*. I Paesi più ricchi inoltre hanno concordato di aumentare i finanziamenti per il clima, con l'obiettivo di offrire maggiore fiducia ai Paesi vulnerabili che temono di non riuscire a fronteggiare le minacce del clima provocate soprattutto dai Paesi maggiormente responsabili delle emissioni di gas serra[115].

Pare che ancora un volta la conferenza si sia dunque conclusa senza nessun chiaro impegno a migliorare le azioni da intraprendere contro i cambiamenti climatici, e cioè non è stato raggiunto alcun impegno collettivo chiaro per migliorare gli obiettivi di azione sul clima, come denunciato dalla Greenpeace successivamente all'incontro. Sono state presentate diverse contestazioni durante le settimane d'incontro, le più hanno riguardato l'Articolo 6 dell'Accordo di Parigi, che tratta di mettere

---

[115] IL SOLE 24 ORE, Clima, Cop24: in Polonia fissate le regole per applicare l'accordo di Parigi, 16 dicembre 2018.

limiti di estrazione, vendita ed emissioni per le fonti di energia fossile, che provocherebbe una perdita economica altissima per Stati come i Paesi dell'area del Golfo, Stati Uniti e Russia, fortemente restii a perdere potere internazionale, attuare piani di transizione economica e quindi firmare l'Accordo. Nonostante le istituzioni finanziarie si siano dichiarate pronte a fronteggiare il cambiamento necessario sul lungo periodo, questi Paesi continuano a considerare più urgente la protezione di un avanzamento economico su tempi brevi.

Tanti pareri non condivisibili insomma per via dei costi economici, che hanno fatto in modo che venisse data poca attenzione e rilevanza alla questione della "giustizia climatica", ovvero la protezione dei diritti umani dalle conseguenze più catastrofiche del cambiamento climatico. Per molti Stati in via di sviluppo presenti a Katowice, essere nell'Accordo significa garantire una più sicura protezione alle proprie popolazioni.

Si lascia dunque l'incombenza ai Governi, che dovranno essere in grado di apportare le giuste decisioni politiche per migliorare l'ambiente comune. Sfida che appare ardua in considerazione del fatto che dall'anno 1990, numerosi Paesi sono stati coinvolti in vere e proprie metamorfosi economiche e che quindi hanno completamente stravolto il proprio settore energetico ed alimentare.

La cooperazione internazionale dovrebbe avere come principale obbiettivo la sensibilizzazione del singolo abitante terrestre, che con le proprie abitudini, contribuisce in modo considerevole e concreto, allo stato del pianeta (figura 23).

Figura 23 – Emissioni di CO2 nel 1990 e nel 2011.

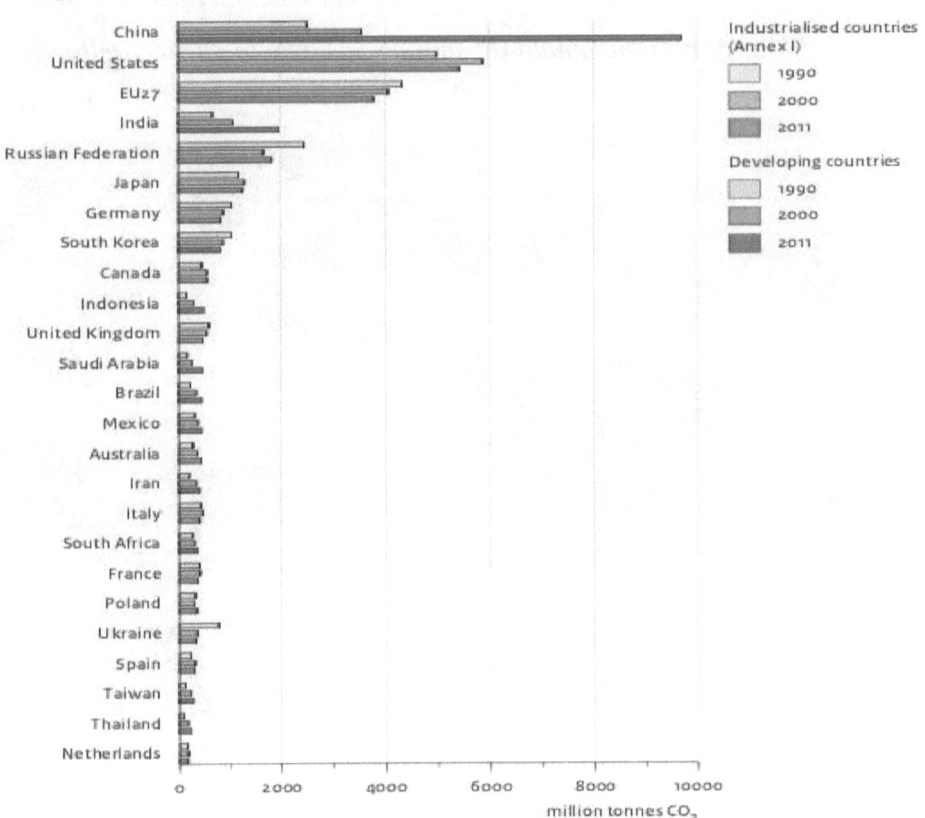


Fonte: Dati forniti da EDGAR, Commissione europea, Centro comune di ricerca (JRC)

# CONCLUSIONI



*Siamo sotto lo stesso cielo, sopra lo stesso mare,*

*scaldati dalla stessa stella siamo figli della stessa madre terra,*

*il vento soffia senza dogane, senza confini.*

*Il tempo ci tocca nello stesso modo,*

*è arrivato il momento di suonare insieme la musica della vita.*

- Ivan Lasco -

Oggi, anno 2020, si è arrivati forse ad un punto limite per il nostro pianeta. Limite che obbliga diverse milioni di persone ogni anno ad emigrare per la propria sopravvivenza e quella delle persone appartenenti alla propria famiglia, e che nella maggior parte delle volte, non consente scelta.

Gli "sfollati" per motivi climatici sono di anno in anno in misura superiore rispetto agli emigrati per ragioni "politiche" (quasi 4 volte superiori nell'anno 2016 ed addirittura 20 volte nell'anno 2010), ed i fenomeni metereologici a lenta manifestazione, ovvero eventi causati dal graduale surriscaldamento terrestre, sono la principale causa di queste migrazioni (quasi la totalità nell'anno 2016).

Ciò che possiamo riuscire a intendere è che alte temperature, terre sommerse, alluvioni e siccità, non consentono scelta agli abitanti di gran parte del globo e che quindi si vedono costretti, contro la propria volontà a cercare altrove condizioni più favorevoli.

Quello che i media ci propongono ogni giorno, sono immagini di persone che affrontando la sorte, varcano i mari su delle imbarcazioni improvvisate. Quelle persone, che provengono quasi totalmente dal continente africano, fuggono si da condizioni politiche per nulla ottimali, ma è anche vero che quelle condizioni sono sempre più causate da un'imprudente attività condotta dai Paesi più economicamente avanzati.

Per usare le parole di Greta Thunberg in "la nostra casa è in fiamme", le persone dovrebbero essere così terrorizzate dal clima, da smettere di usare l'auto o ogni mezzo di trasporto. Se la tua casa è in fiamme, come realmente è in questo momento, continua Thunberg, non resti seduto in casa a discutere sul da farsi, scappi e ti assicuri che tutti gli abitanti della casa siano in salvo prima di chiamare i vigili del fuoco. Effettivamente la politica dell'ottimismo sul clima non ha portato sino ad ora buoni risultati, le emissioni infatti non stanno diminuendo, ma aumentando all'inverosimile, motivo per il quale secondo la sedicenne svedese, alimentare ansia e paura adesso, potrebbe aiutare sostanzialmente a cambiare le cose. Effettivamente perché preoccuparsi di qualsiasi altra cosa che non sia il clima se probabilmente non esisterà più nulla e nessuno per via proprio del clima? Se avessi un figlio oggi anno 2020, e avesse 10 anni, con l'aspettativa di vita degli attuali 100 anni, nel 2050 non avrebbe nemmeno vissuto metà della sua vita, eppure secondo le previsioni, vivere e sopravvivere per lui sarebbe un'ardua impresa. Non riuscirebbe di certo ad invertire la situazione perché prima di quella data, si sarebbero innescate quelle serie di eventi a catena, a cui è impossibile porvi rimedio. Il cambiamento deve avvenire per forza ora per mano della nostra generazione, non possiamo sperare che qualcuno provveda al nostro compito ed a sopperire alla nostra mancanza di responsabilità. Nel 2050, se mio figlio avesse procreato all'età di 30 anni, suo figlio (mio nipote) avrebbe 10 anni, abbastanza per capire e per chiedermi perché io non abbia fatto nulla per migliorare le loro e la mia vita. Come potrei mai giustificarmi? Come potrei mai pretendere che le mie scuse vengano accettate?

Lo scenario che ci troveremo ad affrontare molto presto, si andrà a costruire giorno dopo giorno, per questo motivo sarà difficile accorgersene. Come ribadito da Thunberg lo scorso aprile 2019 alla commissione ambiente del Parlamento Europeo, i media, le TV ed i giornali di tutto il mondo, non dovrebbero parlare di altro, in quanto non esiste oggi altro tema più importante di quello dell'ambiente. La nostra sopravvivenza dovrebbe venire prima dell'economia, della finanza e di tutto quanto il resto.

I "pungoli"[116]come li chiamerebbe il premio Nobel per l'economia Richard Thaler, da parte dei Governi per far pagare di più a chi inquina maggiormente ed incentivare chi inquina di meno, non sembrano più sufficienti. Ottima idea, anche se anch'essa insufficiente, sarebbe quella di istituire un *Toxic Release Inventory*[117](Registro delle Emissioni Tossiche) il quale renderebbe pubbliche, creando una vera e propria classifica, le aziende più

---

[116] Nel libro "La Spinta Gentile", Richard Thaler e Cass Sunstein, definiscono con il vocabolo "pungolo" (*nudge* in inglese) una sorta di presentazione delle scelte che condizioni il comportamento degli individui, senza evitare però alcuna possibilità.

[117] Istituito nel 1986 dal Congresso degli Stati Uniti all'indomani del disastro di Chernobyl in Ucraina.

inquinanti sia a livello nazionale che mondiale.

Necessitiamo di provvedimenti decisivi; tra pochi anni (probabilmente entro i prossimi 10/20 anni), il territorio emerso del nostro pianeta sarà sicuramente inferiore a quello attuale, ma la porzione di "vivibilità" sarà certamente minore. La desertificazione avanza ad una velocità disarmante e l'aridità ridurrà il pianeta abitabile al 70% rispetto a quello attuale (non considerando le terre che verranno sommerse) e come stiamo già constatando gli ecosistemi stanno iniziando a collassare. La crisi idrica per scarsità di acqua dolce, causerà l'implosione dell'agricoltura, l'aumento del prezzo del cibo e con tutta probabilità, aumenteranno guerre, conflitti e carestie in tutto il mondo. Non dimentichiamo che la popolazione continua ad aumentare esponenzialmente e le ondate di calore mortale interesseranno il 55% della popolazione mondiale. Pur non essendo matematici, è possibile comprendere che oggi servirebbero due pianeti per soddisfare il fabbisogno mondiale, ma tra pochi anni avremmo quindi bisogno di ben quattro pianeti. In uno scenario simile, è veramente possibile non accettare l'immigrazione clandestina come unica speranza per la sopravvivenza?

Se è vero che le nazioni sono composte da singole persone, e se è vero che grandi aziende multinazionali ricavano i loro ingenti profitti da ogni singolo consumatore, si deduce istintivamente che dopotutto, ogni uomo è nella propria parte responsabile, quantomeno della direzione che assume il proprio Paese ed indirettamente a discapito di altri.

Le nostre scelte quotidiane, le nostre abitudini, contribuiscono su larga scala alla scelta dell'uso delle terre coltivabili, al disboscamento ed inaridimento delle terre, all'estinzione di flora, fauna e biodiversità, all'innalzamento quindi, della temperatura terrestre e di tutti gli effetti che ne scaturiscono.

La scelta del cibo di cui ci alimentiamo, collabora direttamente ed indirettamente alla metamorfosi planetaria. Il 30% delle terre emerse è infatti usato per l'agricoltura, ed il settore zootecnico che ci rifornisce ogni giorno di prodotti carnei e caseari, ne occupa il 70%. Il prodotto che ne deriva, l'animale, è utile ad uso alimentare per il solo 3%-10%, con uno spreco in termini di calorie totali, in alcuni casi pari a quasi il 99%. La pesca che svuota mari e fiumi, produce ogni anno 7 milioni di tonnellate di vittime (tra pesci, mammiferi, anfibi) non utili al mercato e quindi rigettate in mare come scarti.

Dagli imballaggi dei prodotti che compriamo nei negozi, deriva gran parte della plastica prodotta, delle 260 milioni di tonnellate di plastica prodotte annualmente, il 10% di esse finisce in mare e bel il 60% di questa plastica è generata per prodotti usa e getta.

Solo questi dati dovrebbero farci riflettere in merito all'importanza che ogni abitante della terra assume nel momento in cui decide di mangiare. Essere coscienti del processo di lavorazione, della provenienza e del trasporto del prodotto alimentare, è più che un passo in avanti non solo per l'economia di un Paese in via di sviluppo, ma per il benessere dei propri abitanti.

Ovviamente ci auguriamo quantomeno che il miliardo di popolazione attualmente denutrita, possa avere libero accesso al cibo, ma non possiamo fare a meno di chiederci cosa comporterà questo. Cosa accadrà quando la popolazione salirà da 7 a 11 miliardi di individui? Ed 11 miliardi di persone, con le risorse attuali a disposizione, potranno veramente permettersi tre pasti al giorno? Immaginando i possibili scenari, non può che ritornare la famosa, quanto antica citazione attribuita ai nativi americani: *"Quando avranno inquinato l'ultimo fiume, abbattuto l'ultimo albero, preso l'ultimo bisonte, pescato l'ultimo pesce, solo allora si accorgeranno di non poter mangiare il denaro accumulato nelle loro banche[118]"*.

---

[118] La frase viene abitualmente attribuita a Toro Seduto, tuttavia la sua origine è tutt'oggi incerta.

Il fenomeno dell'accaparramento delle terre, insieme alla finanziarizzazione dei prodotti agricoli ed al sempre più usato biocombustibile, accelera i processi di sfruttamento delle terre e contribuisce più di quanto si possa pensare, alle tensioni ed alle ostilità tra governi e cittadini dei Paesi economicamente svantaggiati, accrescendo il divario tra Paesi ricchi e Paesi poveri.

Il complesso panorama in cui oggi siamo componenti attivi, è più che mai chiaro: il fragile ed armonioso equilibrio, costituitosi in circa quattro miliardi di anni, resta in eredità all'essere umano, nato solo 200 mila anni fa (180 mila dei quali vissuti da nomade), ma con scarsi risultati.

La forza dell'essere umano è da sempre stata quella di aver preso coscienza delle proprie debolezze. In questo periodo storico senza precedenti, così rapido ed in continua metamorfosi, capace di trasformare in pochi anni un villaggio di pescatori in città di migliaia di abitanti, in cui centri come Shangai in appena vent'anni si trasformano in metropoli da 3 mila grattacieli e centinaia di edifici in costruzione; in un modo in cui più della metà della popolazione terrestre abita i centri urbani, è di vitale importanza virare la rotta verso provvedimenti concretamente sostenibili.

La popolazione terrestre è sempre più fruitrice di energia, e quando tra non molto tutta la popolazione del pianeta avrà libero accesso ad internet, un laptop o uno smartphone, in uno momento storico dove anche generare ed alimentare moneta (digitale), è divenuta attività energeticamente dispendiosa (l'energia prodotta per alimentare la cripto-valuta "bitcoin" basterebbe a soddisfare il fabbisogno energetico di quasi 3 milioni di case[119]); dove l'aumento della pressione umana sta riducendo il capitale naturale ad un ritmo più veloce di quello che ne consente il reintegro[120], da dove ricaveremo tutta l'energia necessaria?

Incoraggianti iniziative provengono da diversi Paesi come quelli scandinavi, dove l'interesse all'ambiente ha avuto come risultato 4 delle 10 capitali più "green" del mondo[121], quasi completamente energeticamente autosufficienti grazie a ingenti investimenti in geotermico, fotovoltaico ed eolico. La scienza, di pari passo con la tecnologia ha il complicato compito di aiutarci ad invertire la direzione, e di ricostruire il pianeta anziché distruggerlo.

L'attenzione odierna alle sfide mondiali ha dato origine ad organizzazioni no-profit come la *X Prize Foundation* con sede a St. Louis, Missouri (USA), creata per incentivare innovazioni tecnologiche radicali in vari campi. Numerose inoltre, sono le

---

[119] ANSA, Emettere bitcoin consuma più elettricità di tutta l'Irlanda, A&E Energia, Roma, novembre 2017.
[120] WWF, Living planet report 2016.
[121] DualCitizenLLC, Global Green Economy Index Report, U.S.A., 2016.

organizzazioni filantropiche costituite negli ultimi anni, tra le più famose spicca sicuramente la *Bill & Melinda Gates Foundation*, creata nel gennaio del 2000 da Bill Gates e da sua moglie Melinda French, azienda finanziatrice se non altro del progetto che ha portato alla realizzazione di *Omniprocessor*, una macchina capace di trasformare i rifiuti organici in acqua potabile, a dimostrazione, proprio Bill Gates beveva un bicchiere d'acqua ottenuto da un cumulo di feci.

I tecno-filantropi con l'ausilio della *world wide web* riescono oggi a finanziare le proprie invenzioni tramite l'aiuto collettivo da piattaforme online di *crowdfunding*[122], ed ordigni capaci di desalinizzare l'acqua del mare tramite l'energia solare, non sono fantascienza. Oggi è possibile prendere quello che è scarso e renderlo abbondante grazie alla tecnologia[123].

Se da una parte la scienza ho originato "errori" come i famosi Organismi Geneticamente Modificati (OGM) per via degli effetti

---

[122] Il finanziamento collettivo si può riferire a iniziative di qualsiasi genere, dall'aiuto in occasione di tragedie umanitarie al sostegno all'arte e ai beni culturali, al giornalismo partecipativo, fino all'imprenditoria innovativa e alla ricerca scientifica.
[123] DIAMANDIS Peter e KOTLER Steven, Abbondanza. Il futuro è migliore di quanto pensiate, codice edizioni, 2014.

nocivi per l'organismo[124] e per l'ambiente[125], dall'altra parte si cerca ancora di sperimentare nuove idee come la *clean meat*[126], ovvero carne allevata in laboratorio, e la sempre più discussa dieta a base di alghe, meduse ed insetti[127], che approvata dall'Unione Europea, è entrata in vigore dal mese di gennaio 2018[128].

Ciò che insegna la storia, è che l'essere umano ha sempre trovato il modo di reagire e soprattutto imparare dai propri errori. Campagne di sensibilizzazione da parte di Organizzazioni Nazionali e Non Nazionali, come la mostra itinerante che tocca Europa e Stati Uniti, dalla *Ocean Plastic Lab*[129], dedicata

---

[124] Il 18 aprile 2017 i giudici del Tribunale Monsanto, hanno giudicato la Monsanto Company, azienda multinazionale di biotecnologie agrarie (tra le prime aziende al mondo produttrici di OGM), colpevole di violazioni dei diritti umani, crimini contro l'umanità ed ecocidio.

[125] STEWART, Genetic modification: Transgene introgression from genetically modified crops to their wild relatives, Nature Reviews Genetics 4, 2004.

[126] Progetto ideato dalla startup *Memphis Meats*, tra i cui investitori, nomi come quello di Bill Gates.

[127] REGOLAMENTO (UE) 2015/2283 DEL PARLAMENTO EUROPEO E DEL CONSIGLIO relativo ai nuovi alimenti e che modifica il regolamento (UE) n. 1169/2011 del Parlamento europeo e del Consiglio e abroga il regolamento (CE) n. 258/97 del Parlamento europeo e del Consiglio e il regolamento (CE) n. 1852/2001 della Commissione, 25 novembre 2015.

[128] ZORZONI Luca, Insetti in tavola, via libera UE: e gli italiani sono pronti a mangiarli, Wired.it, 14 luglio 2017.

[129] Esposizione tenuta da settembre ad ottobre 2017, promossa dal Ministero Federale dell'Educazione e della Ricerca della Germania, in collaborazione con il Consorzio Tedesco per la Ricerca Marina

all'inquinamento della plastica di mari e oceani, possono rivelarsi attività molto più concrete di quanto possiamo immaginare, perché sottopongono il quesito alla coscienza di ogni individuo.

Il mondo è già cambiato ed una rivoluzione è già in atto, e questo a mio avviso può farci essere speranzosi per il futuro. L'era dell'informazione si sta velocemente tramutando in quella della coscienza. Concetto, quello della coscienza, che prima d'ora era stato trattato soltanto dalla filosofia e dalla religione, mentre oggi è ampliamente sotto i riflettori della scienza e della meccanica quantistica. Il decentramento dell'informazione, grazie ad internet, ha sicuramente dato più "potere" al singolo individuo. Lo smartphone poi, è stato un vero oggetto rivoluzionario, che ogni giorno ci permette di avere immediatamente tutte le informazioni che vogliamo. Da questo è scaturita una vera e propria escalation di sistemi di decentralizzazione: le crypto-valute hanno fatto in modo di decentralizzare la moneta in modo da non essere soggetta a banche; Ethereum ha persino permesso la decentralizzazione del computer; le varie startup, grazie al processo collaborativo crowdfunding, permettono la realizzazione di progetti anche a soggetti privi di possibilità finanziarie. Dall'Italia si potrebbe

(Konsortium Deutsche Meeresforschung, KDM) e con il supporto della Commissione Europea.

assentire sia partita la rivoluzione della politica decentralizzata, con il Movimento 5 Stelle infatti, tramite una piattaforma online, si da a tutti i cittadini la possibilità di scrivere e votare leggi che verranno poi proposte in Parlamento.


D'altra parte le tecnologie potrebbero tentare di arginare i danni in cambio di imminenti risorse economiche e magari per il benessere solo di chi sarà in grado di permettersele, prolungando forse la vivibilità su questo pianeta di qualche anno.

Stephen Hawking quando suggeriva la colonizzazione dello spazio forse era preoccupato della fine della terra per cause umane più che per uno schianto con un nomade meteorite. Progetti per colonizzare la Luna e Marte (programma Aurora) sono ancora allo stato brado e non vi è ancora alcun prototipo di tecnologia atta neppure ad iniziare tale missione (prevista spedizione su Marte nell'anno 2030).

Una soluzione che porterebbe risparmio anziché dispendio economico per cambiare totalmente la rotta di questo pianeta? Adesso che abbiamo qualche informazione in più, possiamo azzardare nel sostenere che se diminuissimo progressivamente il consumo di prodotti carnei ed ittici, si avrebbe un vero e proprio collasso dell'emissione dei gas serra, sarebbero quindi dimezzati i pascoli e gli allevamenti intensivi, destinando perciò il cibo coltivato per gli animali a molte più persone che oggi non sono in grado di procurarsi il pasto minimo giornaliero. Diminuirebbero anziché aumentare le aree disboscate, permettendo quindi alla vegetazione di assorbire sempre più biossido di carbonio, invertendo il pericoloso circolo vizioso innescato attualmente. Molta più acqua dolce sarebbe a disposizione delle persone e non dei miliardi di animali che ogni giorno devono essere dissetati per poi essere macellati. Si avrebbero di conseguenza implicazioni benefiche sugli eventi catastrofici diminuendo l'energia sotto forma di calore immagazzinata dalla terra, aumentando la vegetazione e bloccando la desertificazione. Avendo più cibo a disposizione sul pianeta, meno eventi calamitosi e quindi meno conflitti, si diminuirebbe senz'altro il fenomeno migratorio fino a, chissà, farlo scomparire del tutto.

Il mondo quindi si salverà? Non possiamo esserne certi, ma non ci resta che darci fiducia. Potremmo essere in grado di ribaltare la situazione sfruttando ciò che è in nostro possesso, proprio come fa un pianista che negli 88 tasti del pianoforte, riesce a creare infinita musica, infinita, proprio come l'essere umano[130].

Un presupposto per il successo, potrebbe essere quella di fare un

---

[130]  LA LEGGENDA DEL PIANISTA SULL'OCEANO, film del 1998 diretto da Giuseppe Tornatore

passo indietro e prendere coscienza degli eventi, educando di conseguenza le nuove generazioni, affinché siano responsabili di ogni propria azione, come anche appunto quella del cibarsi, perché come disse Nelson Mandela: *l'educazione è l'arma più potente che si possa usare per cambiare il mondo*[131].

---

[131] NELSON ROLIHLAHLA MANDELA (Mvezo, 18 luglio 1918 – Johannesburg, 5 dicembre 2013).

# CONTATTI

*È necessario unirsi,*
*non per stare uniti,*
*ma per fare qualcosa insieme.*
*(Goethe)*

Non permettere che questo lavoro resti solo una raccolta di parole, abbiamo bisogno di agire subito e soprattutto di collaborare. Segui le iniziative, resta informato e collabora con i progetti futuri seguendo il blog Zero-Confini (per un mondo senza barriere)

**Blog**: www.Zero-Confini.it
**Pagina Facebook**: Zero-Confini
**Instagram**: ivan_lasco

# BIBLIOGRAFIA


ANSA, I punti principali dell'accordo di Parigi sul clima, Roma, giugno 2017.

BIANCHI DONATELLA, rapporto Living Planet, WWF Italia, Milano 2014.

CACCAVALE OSCAR MARIA, Prezzi alimentari e ruolo del mercato, crisi alimentari e migrazioni, sostenibilità alimentare e prezzi agricoli, bollettino della società geografica italiana, Roma, gennaio-marzo 2013.

CASTELLETTI MANUEL, Verso la fine dell'economia - apice e collasso del consumismo, 13 gennaio 2014.

CHURCH JOHN, Understanding and Projecting Sea Level Change, The Oceanography Society.

COLE STEVE, NASA Science Zeros in on Ocean Rise: How Much? How Soon?, NASA, 26 agosto 2015.

CONVENTION RELATING TO THE STATUS OF STATELESS PERSONS , Cap. I, Art. 1 Definition of the term "stateless person", Par.1, New York, 1954.

CONVENZIONE DI GINEVRA DEL 1951, Capo I, Disposizioni generali, Art. 1 Definizione del termine di "rifugiato", Ginevra 28 luglio, 1951.

CUTO Roberto, Piave senza pesce, pescatori in campo contro i cormorani, Corriere delle alpi, 8 gennaio 2018.

DE SIMONE ANNA, Allevamenti intensivi e danni ambientali, ideegreen.it, 29 maggio 2014.

DIAMANDIS PETER e KOTLER STEVEN, Abbondanza. Il futuro è migliore di quanto pensiate, codice edizioni, 2014.

DI BENEDETTO MONTACCINI VERONICA, catastrofi naturali: i danni del 2016, Ofcs Report, 28 dicembre 2016.

DI PASQUA EMANUELA, Anno 2100: sulla Terra saremo 11 miliardi (ben oltre le previsioni), Corriere della Sera, 21 settembre 2014.

DIRETTIVA 2004/83/CE DEL CONSIGLIO, Capo I, Art.2, punto E, 29 aprile 2004.

DOTTI GIANLUCA, Oltre un secolo di riscaldamento globale in un'animazione della Nasa, wired.it, 23 gennaio 2017.

EUROROMA, Bangladesh. Il Paese che scompare, euroroma.net, 15 settembre 2014.

FAAIJ ANDRÈ, Bioenergy and global food security, Wissenschaftlicher Beirat der Bundesregierung Globale Umweltveränderungen, Berlin 2008.

FAO, Fisheries and Aquaculture Department, the state of world fisheries and aquaculture, Roma 2012.

FAO, Bioenergy and Food Security. The Befs Analytical Framework, Roma 2010.

FAO, livestock's long shadow environmental issues and options, Roma 2006.

FAO, Price Volatility in Food and Agricultural Markets: Policy Responses, Roma, 2 giugno 2011.

FAO, Rome Declaration on World Food Security, World Food Summit, Roma 1996.

FAO, Tackling climate change through livestock: A global assessment of emissions and mitigation opportunities, 21 October 2014.

FAO, The State of Food Insecurity in the World, fao.org, dati 2017.

FOCSIV - Volontari nel mondo, I Padroni della Terra. Rapporto sul land grabbing, 2018.

FOCUS, Il Sahara è un deserto a causa dell'uomo?, edizione nr. 296, 20 maggio 2017.

GELISIO TESSA, Ecocentrica: Facili consigli per vivere felici aiutando il nostro pianeta, Giunti Editore, 2013.

GEYER, JAMBECK, LAW, Production, use, and fate of all plastics ever made, 2017

GILLIS JUSTIN, Scientists Warn of Rising Oceans From Polar Melt, The New York Times, 14 maggio 2014.

GIORDANO ALFONSO, L'insostenibile nesso prezzi agricoli, crisi alimentari e migrazioni, sostenibilità alimentare e prezzi agricoli, bollettino della società geografica italiana, Roma, gennaio-marzo 2013.

GREENPEACE, Eventi metereologici estremi, www.greenpeace.org, Greenpeace Italia, 14 gennaio 2011.

GREENPEACE; Catture Accidentali, 29 dicembre 2010.

IL POST, Migranti, rifugiati, profughi, richiedenti asilo, pubblicazione del 26 agosto 2015.

IL SOLE 24 ORE, Lo scenario globale dell'immigrazione, 14 marzo 2016, pagina 9.

INTINI ELISABETTA, Clima, la carne incide più dei trasporti, Focus Megazine, 6 dicembre 2014.

INTINI ELISABETTA, L'isola di plastica del Pacifico diventi uno Stato, Focus Megazine, 19 settembre 2017.

IOM, MC/INF/288, Discussion Note: Migration And The Environment, Defining Environmental Migrants, 1 novembre 2007.

IUF, UITA, IUL, Feeding Financial Markets: Financialization and Restructuring in Nestlé, Kraft and Unilever, settembre 2006.

JANSSEN COLIN, Microplastics in bivalves cultured for human consumption, Ghent University, Laboratory of Environmental Toxicology and Aquatic Ecology, Ghent 2014.

JONATHAN SAFRAN FOER, Se niente importa. Perché mangiamo gli animali?, Guanda, 2010.

KLOTZ IRENE, Global sea levels climbed 3 inches since 1992,

NASA research shows, Reuters, 26 agosto 2015.

KNAPTON SARAH, Seafood eaters ingest up to 11,000 tiny pieces of plastic every year, study shows, science editor, The Telegraph, 24 gennaio 2017.

LA REPUBBLICA, Cinque isole del Pacifico sommerse dal mare, prime vittime del cambiamento climatico, 11 maggio 2016.

LA STAMPA, Land grabbing, così emiri e cinesi si comprano il futuro della Terra, 5 marzo 2015.

LAVELLE MARIANNE, Riscaldamento globale: mai così rapido da 66 milioni di anni, National Geographic Italia, 23 marzo 2016.

LUCIA MARIA GIUSEPPINA, Speculazione finanziaria e crisi alimentare, sostenibilità alimentare e prezzi agricoli, bollettino della società geografica italiana, Roma, gennaio-marzo 2013.

M. WULF DUANE, Did the Locker Plant Steal Some of My Meat?, Department of Animal and Range Sciences South Dakota State University.

ENSMINGER, Animal Science, Illinois 1991.

FILIPPO MASTROIANNI, Conseguenze del boom demografico africano. Le nuove megalopoli, Il Sole 24 Ore, 9 aprile 2019.

MEKONNEN and HOEKSTRA, UNESCO-IHE Institute for Water Education, The green, blue and grey water footprint of farm animals and animal products, Netherlands, dicembre 2010.

MAKUTSA PAULINE, Land grab in Kenya: Implications for smallholder farmers, Eastern Africa Farmers Federation, Nairobi 2010.

MANTOVANI REBECCA, Kiribati: le isole che stanno scomparendo, Focus Megazine, 17 luglio 2013.

MATTHEWS CHRISTOPHER, Ufficio stampa FAO, La zootecnica pone una grave minaccia sull'ambiente, Roma 29 novembre 2006.

MENEGHELLO VERONICA, Land grabbing: benificiari internazionali, vittime locali, linfalab.it, 24 marzo 2014.

MEYSSIGNAC BENOIT, Sea level: A review of present-day and recent-past changes and variability, Journal of Geodynamics, Toulouse 2012.

MILLAR RICHARD e altri, Emission budgets and pathways consistent with limiting warming to 1.5 °C, Nature Geoscience, 18 settembre 2017.

NATIONAL GEOGRAFIC ITALIA, Storione di lago, 22 marzo 2010.

ORGANIZZAZIONE MONDIALE DELLA SANITÀ, La fame nel mondo in aumento, guidata da conflitti e cambiamenti climatici, dice la nuova relazione dell'ONU, Comunicato Stampa, Roma, 15 settembre 2017.

PADOAN DANIELA, Il secolo dei rifugiati ambientali?, ADIF

(Associazione Diritti e Frontiere), 28 settembre 2016.

PEARCE FRED, No more seafood by 2050?, New Scientist, 2 novembre 2006.

PULICI PAOLA, Un mare di plastica, oggiscienza.it, 13 agosto 2012.

RAGNI ROBERTA, zucchero amaro: fermiamo il land grabbing di pepsi e coca cola, greenme.it, 2 ottobre 2013.

REGOLAMENTO (UE) 2015/2283 DEL PARLAMENTO EUROPEO E DEL CONSIGLIO relativo ai nuovi alimenti e che modifica il regolamento (UE) n. 1169/2011 del Parlamento europeo e del Consiglio e abroga il regolamento (CE) n. 258/97 del Parlamento europeo e del Consiglio e il regolamento (CE) n. 1852/2001 della Commissione, 25 novembre 2015.

RICARD MATTHIEU, Sei un unimale!, Sperling & Kupfer, 2016.

RUGGIERO DARIO, Land grabbing: sviluppo o antisviluppo?, LTEconomy, 11 luglio 2014.

RUSSO ELENA, Repubblica, Deforestazione, ecco le foto dallo spazio: persi 2,3 milioni di chilometri, in Ue migliora, 15 novembre 2013.

SASSI MARIA, Biocombustibili e sicurezza alimentare: rischi e possibili soluzioni, Università degli studi di Pavia, marzo 2015.

SELLARI PAOLO, land grabbing e crisi alimentari, sostenibilità alimentare e prezzi agricoli, bollettino della società geografica italiana, Roma, gennaio-marzo 2013.

STEVE MAXWELL e SCOTT YATES, The future of water, American Water Works Association , 2011.

U.S. GLOBAL CHANGE RESEARCH PROGRAM, Climate science special report, Fourth National Climate Assessment Volume I, giugno 2017.

UNICEF, The State of the World's Children reports, unicef.org, dati 2017.

UNITED NATIONS, Conference of the Parties, Parigi, 12 dicembre 2015.

UNITED NATIONS, DESA / Population division, World Population Prospects 2017.

UNIVERSITÀ DEL SALENTO, Analisi di impatto ambientale della produzione di biocarburanti in aree locali provinciali (attività 8.3), 22 agosto 2008.

WALLACE BRYAN, Global patterns of marine turtle bycatch, Center for Marine Conservation - Duke University Marine Laboratory , USA, 18 febbraio 2010.

WORLD HEALTH ORGANIZATION, Obesity and overweight, who.int, 2017.

WWF, Living Planet Report 2016.

WWF, Spiagge D'Italia: Bene Comune, Affare Privato, Dossier.

# SITOGRAFIA

a-dif.org

agro.biodiver.se

corriere.it

corrierealpi.gelocal.it

ebook.scuola.zanichelli.it

edgar.jrc.ec.europa.eu

esa.un.org

euroroma.net

fao.org

focsiv.it

focus.it

gazzettaufficiale.it

greenme.it

greenpeace.org

ideegreen.it

ilpost.it

ilsole24ore.com

linfalab.it

lteconomy.it

nasa.gov

nationalgeographic.com

nationalgeographic.it

nature.com

newyorktimes.com

ofcs.report

oggiscienza.it

paradisefruit.altervista.org

protezionecivile.gov.it

protezionecivile.gov.it

repubblica.it

telegraph.co.uk

treccani.it

unesco.it

unicef.org

who.int

wikipedia.org

wired.it

worldometers.it

worldwildlife.org

wwf.it

www.ingramcontent.com/pod-product-compliance
Lightning Source LLC
Chambersburg PA
CBHW031228250726
48655CB00005B/1848